Gerhard Schillinger · Angekommen

ROMBACH
Biografien

ROMBACH BIOGRAFIEN

Herausgegeben von Sabine Frigge

Band 4

Gerhard Schillinger

Angekommen

Erinnerungen eines Freiburgers

ROMBACH VERLAG

Meinem Vater und
meiner Frau Heidi
gewidmet

Bibliografische Information der Deutschen Bibliothek

Die Deutsche Bibliothek verzeichnet diese Publikation in der
Deutschen Nationalbibliografie; detaillierte bibliografische
Daten sind im Internet über <http://dnb.ddb.de> abrufbar.

© 2010. Rombach Verlag KG, Freiburg i.Br./Berlin/Wien
1. Auflage. Alle Rechte vorbehalten
Umschlag: kaiser werbung und design GmbH, Freiburg i.Br.
Satz/Layout: Tiesled Satz & Service, Köln
Herstellung: Rombach Druck- und Verlagshaus GmbH & Co. KG,
Freiburg im Breisgau
Printed in Germany
ISBN 978-3-7930-5068-1

Inhalt

Anhang

Aus der *Chronica des Hausmusik-Kreises Karl Schillinger*

Vorwort

In Freiburg bin ich geboren, habe dort Abitur gemacht und studiert. Erwerbstätig war ich jedoch in Deutschland nie (was mir erst beim Fehlen eines Rentenbescheids klar wurde). Dennoch bin ich seit neunundsechzig Jahren in Freiburg angemeldet und kehre nun nach einem ereignisreichen Leben zurück.

Angekommen bin ich dadurch, dass wir für die Johanneskapelle in Zarten eine Kirchenorgel gestiftet haben, die von mir konzipiert wurde. Zahlreiche Dokumente, die ich beim Aufräumen fand, haben dazu geführt, meine Lebenserinnerungen aufzuschreiben.

Mein Dank gilt meinem Mitarbeiter Bernd Rolfes und seiner Frau. Bernd Rolfes unterstützt seit fünfundzwanzig Jahren meine Arbeit so, wie ich mir es besser nicht wünschen könnte. Mein Freund, Dr. Hans Rudolf Voellmy, hat das Buch mit bewundernswertem Einfühlungsvermögen lektoriert. Ihm gebührt mein herzlicher Dank.

Tanger/Marokko, 2010

Gerhard Schillinger

Mein Vater: Der Druckereibesitzer und Verleger Karl Schillinger

Am 31. Oktober 1940 wurde ich in der Marienstraße in Freiburg als Sohn von Karl Schillinger und seiner Frau Brunhilde, geb. Grande, geboren. Mein Vater war Jahrgang 1900, meine Mutter 1907 (s. Abb. 2). Im Jahr 1938 hatten sie sich bei einer Musikwoche am Bodensee kennen gelernt.

Beide Großväter hatten Frauen, die man als ›Adenauer-Typen‹ bezeichnen könnte. Väterlicherseits stammten sie aus Malterdingen, wo der Name Schillinger häufig ist. Meine Großmutter eröffnete in Freiburg am Gewerbebach eine ›Milchhandlung‹, die aus zwei großen Milchkannen im Brunnen neben der Ölmühle (gegenüber der Firma *Himmelsbach*) bestand. Der Großvater absolvierte in Freiburg eine Buchdruckerlehre und eröffnete 1900 im Granatgässle mit einem Partner eine Druckerei. Der Partner hatte ihn allerdings derartig hintergangen, dass nach der Abklärung per Saldo mein Großvater Alleinbesitzer war. Schon bald wurde die Liegenschaft Wallstraße 14 erworben und im Garten zunächst einstöckig, dann mit einem zweiten Stock eine Werkstatt mit Papiermagazin errichtet. Im Erdgeschoss waren die Druckmaschinen sowie die Buchbinderei, im Obergeschoss die Bleisetzerei. Als Auslieferungswagen hatte die Firma einen eisernen zweirädrigen Schubwagen, der noch einige Jahre nach dem Zweiten Weltkrieg benutzt wurde, da das Auto von den Franzosen beschlagnahmt war. Die jüngere Schwester meines Vaters, Clara (Clärle) Schillinger-Hofmann, hat eine Firmengeschichte geschrieben, die sie leider nie zur Veröffentlichung freigab.

An das Gebäude Wallstraße 14 wurde ein Laden angebaut, in dem die Großmutter die Milch- mit einer Papierhandlung tauschte. Clärle absolvierte – wie fast alle weiblichen Schillinger-Hofmanns – eine Buchhändlerlehre, so dass für sie später die evangelische Buchhandlung im Wichernhaus erworben wurde, die sie nach ihrer Heirat mit Sigmund an die Familie Weber abtrat (und die es vielleicht noch heute in Freiburg gibt). Von der Terrasse über der Papierhandlung haben wir als Kinder sozusagen in *VIP*-Manier jedes Jahr die Fronleichnamsprozession an bzw. unter uns vorbeiziehen lassen.

Im Ersten Weltkrieg wurde mein Großvater zwar erst spät (weil unabkömmlich) eingezogen, holte sich jedoch im Elsass eine Lungenentzündung und starb als Kriegsgefangener. Deshalb steht sein Name auf einem Denkmal auf dem Hinterwaldkopf und die Stadt Freiburg ließ bis in die sechsziger Jahre vor unserem Familiengrab eine Blumenreihe pflanzen. Mein Vater musste also mit siebzehn Jahren in der Firma Verantwortung übernehmen. Er tat dies unter der Bedingung, dass sein jüngerer Bruder Hermann, der noch ein Praktikum in der Druckereistadt Leipzig absolvierte, später ebenfalls in die Firmenleitung eintrat. Chefin war zunächst jedoch eindeutig meine Großmutter. Sie war offenbar tatsächlich der ›Adenauer-Typ‹. Von ihrer Führungsstärke wurde mir noch in den neunziger Jahren berichtet, nachdem sie zu diesem Zeitpunkt seit mehr als sechzig Jahren gestorben war. Der Bericht kam von der Ex-Frau eines Buchdruckers, den sie in der Weltwirtschaftskrise entlassen musste (er war der jüngste Facharbeiter), dem sie aber bei einem Druckereikunden (*Callisay*) eine neue Stelle organisierte.

Meiner Großmutter war bewusst, dass sie ihren Söhnen wegen ihres frühen Firmeneintritts kein Studium ermöglichen konnte. Als Kompensation wurden jede Woche Studenten zum Abendessen eingeladen, die zeitlebens dann die Freunde ihrer Söhne blieben. Sie waren damals im evangelischen BK (Bibelkreis) organisiert. Der Sohn eines BK-lers hat später meine Schwester geheiratet, da meine Eltern die Tradition der Studenteneinladung fortgeführt haben. Die BK-ler bauten im Nordschwarzwald (bei Achern) eine Waldhütte, die wir als Schüler/Studenten in Form der Schmierofenhütte benutzen konnten. Daher stammt mein Kontakt mit der in Freiburg bekannten Bärbel Fritzsche. Ein Teil der BK-ler beschloss nach Indonesien auszuwandern: Bis auf Emil blieben alle anderen in Spanien ›hängen‹. Ich erinnere mich noch, wie ›Mile‹ (Emil) mit indonesischem Diener und großer Limousine bei uns vorfuhr. Mein Vater berichtete mir später, dass ›Mile‹ offenbar bei der Europa-Reise auf zu großem Fuß lebte und seine Freunde um Geld bat für die Rückreise.

Der jüngere Bruder Hermann trat also tatsächlich in die Firma ein und war für meinen Vater eine ideale Ergänzung. Hermann übernahm den kaufmännischen Teil und war wesentlich risikofreudiger als mein Vater, der die gestalterisch-künstlerische Beratung der Kunden und die Personalbetreuung (Schulung) verantwortete. Beide wurden von den letztlich rund fünfzig Mitarbeitern mit ›Chef Karl‹ und ›Chef Hermann‹ angesprochen. Jede Woche an einem *Jour fix* trafen sich die Brüder mit ihren Frauen bei einer Flasche badischen Weines zur Besprechung über Geschäftliches und Privates. Wir führten das Leben einer Großfamilie, bei der es ein gemeinsames Auto sowie z.B. auch nur eine Telefonnummer gab. Das Auto wurde wechselweise jeden Sonntag verplant.

Schon Mitte der dreißiger Jahre wurde ein viersitziges *Opel*-Cabriolet als Neuwagen angeschafft. Um während des Krieges eine Beschlagnahme zu verhindern, wurden die Räder unter unserem Kohlevorrat versteckt. Bei der Besetzung durch die Franzosen wurde das Auto ohne Räder beschlagnahmt. 1948 konnten wir es in einem exzellenten Zustand sechsfach bereift (mit zwei Ersatzrädern) zurückkaufen, da es nur von hohen Offizieren benutzt worden war. Erst Mitte der fünfziger Jahre wurde es durch den ersten *Opel Rekord* in Freiburg ersetzt. Da ein Kunde die Rechnungen nicht bezahlen konnte, bekamen wir wenige Jahre später dazu einen *Ford*-Kastenwagen (›Silber-pfeil‹, wegen der Farbe), der am Wochenende von der Jugend beider Familien lebhaft genutzt wurde.

1938 wurde die benachbarte Liegenschaft Marienstraße 7a zum Teil mit Geld aus der Familie meiner Mutter erworben und diente uns als herrschaftliche Wohnung. Das Erdgeschoss wur-de zu Druckereiräumen ausgebaut, aber vor dem Krieg nicht mehr bezogen. Während der Besatzung stellte mein Vater, über einen Bekannten vermittelt, die Räume dem *Schweizerischen Hilfsverein* zur Verfügung. Dementsprechend wurde unser Haus mit einem Schweizerkreuz versehen. Als die Besatzer die-se Fahne sahen, verließen sie unser Grundstück unverrichteter Dinge, so dass unser Haus trotz seiner Attraktivität nie besetzt wurde. Lediglich in den Mansarden wurden drei sympathische Damen einquartiert, die aus Ostpreußen geflüchtet waren.

Insbesondere mein Vater hatte eine außergewöhnliche musi-kalische Begabung. Nach der Hochzeit ließ sich meine Mutter ihre Pensionsansprüche als Lehrerin auszahlen. Mit dem Geld wurde ein *Neupert-Cembalo* gekauft. Mein Vater profilierte sich nach dem Krieg als Cembalist und spielte mangels Musikern für den *Südwestfunk*. Da er mit Professor Fritz Neumaier, einem berühmten Cembalisten aus Saarbrücken, der Heimatstadt meiner Mutter, gut befreundet war, wirkte er bei der Gründung der Freiburger Musikhochschule mit. In unserem Haus gab es ein großes Musikzimmer, in dem fast täglich musiziert wurde. Dr. Pflüger, ein bekannter Freiburger Arzt (*Pflüger Stiftung*), bat meinen Vater, die Leitung eines Singkreises zu übernehmen, der wöchentlich Proben abhielt und ebenfalls für den Südwest-funk Aufnahmen machte. Gemäß den Schilderungen meines Freundes Nico von Gayling gab es Rundfunkaufnahmen und Aufnahmen für die *Deutsche Grammophongesellschaft* mit Fritz Neumeyer und auch von meinem Vater, wie ich aus Erzählun-gen weiß. Dem Singkreis gehörten bekannte Freiburger Persön-lichkeiten an, z.B. Hubert Baum, die Bühnenbildnerin Renate Ries, das Ehepaar Lorenz, um nur einige zu nennen. Eine künstlerisch wertvoll illustrierte Chronik trägt den Titel *Hau-mu-Krei-Schi*: Hausmusikkreis Schillinger. Auszüge aus dieser Chronik werden hier zum ersten Mal veröffentlicht.

Mein Vater starb viel zu früh am 31. Januar 1963. Zu einer Gedenkfeier versammelten sich am 16. Juni 1963 die Mitglieder des *Hausmusikkreises Karl Schillinger* und des ehemaligen *Badischen Singkreises*. Unter der Leitung von Oberstudienrat Pfautz wurden Lied- und Instrumentalsätze aufgeführt, die früher oft unter Karl Schillingers Leitung erklangen. Dr. Pflüger legte am Grabe im Namen der Freunde Blumen nieder. Die Gedenkrede sprach Hubert Baum, er hat darin meinen Vater zutreffend charakterisiert. Hier ein Ausschnitt:

> Karl Schillinger war ein gläubiger Mensch, der wußte, daß hinter all unserem Planen und Wollen, Denken und Sinnen letztlich ein Rest bleibt, den der Mensch nicht zu durchdringen vermag, er hält inne und fühlt diese Kraft, um sich in Demut vor ihr zu beugen. Der zarte Keim zu dieser religiösen Grundhaltung wird unserem Freund schon früh durch die fromme Mutter gelegt. Die furchtbaren Jahre des ersten Weltkrieges erlebt er schon bewußt in der Wallstraße, wo die liebe Großmutter ein ruhender Pol im Hause war. Er muß aber auch erleben, wie der Vater viel zu früh draußen im Feld stirbt (17.12.1917), doch schon da ist es sein Glaube, der ihm hilft, dieses Leid zu ertragen, und der ihm auch – als dem Ältesten im Hause – die Kraft gibt, der geprüften Mutter beizustehen. So ist es ganz natürlich, daß sein Weg zur Jugendbewegung, die ihm Wesentliches für seine zukünftige Lebensauffassung mitgibt, über einen religiös eingestellten Jugendbund geht. Hier ist es auch, wo er erkennt, daß für ihn ein Leben ohne Ideale undenkbar ist, und bis zuletzt war er bereit, für diese Ideale auch Opfer zu bringen. Ihm war auferlegt, Schweres zu tragen. Es wird ihm leicht im opfernden Dienst am Andern. So lehrt er seine Kameraden im furchtbaren Zweiten Weltkrieg das Singen, und es hilft ihm und Unzähligen in verzweifelnder Gefangenschaft über vieles hinweg. Und als er todkrank heimkehrt, hat er bis zuletzt ein halbzerfetztes, arg verbrauchtes Notenblatt bei seinen Habseligkeiten.

Karl Schillinger war ein Mann des Gesetzes, das heißt der Ordnung, der Form. Es bleibt unvergessen, wie uns auf seine Anregung hin Professor Bier das Gesetz der Fuge erklärt – mitten im
Krieg –, und wie Karl mit leuchtenden Augen jedes Wort dem
Sprecher förmlich vom Munde nahm. Diese Liebe zur Ordnung,
zur Organisation, war es auch, die den jungen Mann befähigte,
zusammen mit dem Bruder die väterliche Druckerei schon sehr
früh (die Mutter starb 1931) zu übernehmen und zu dem erfolg-
reichen Betrieb heraufzuführen, wie er heute vor uns steht. Diese
Liebe zum Gesetzmäßigen führte ihn auch zu den öffentlichen
Leitstellen, denen er angehörte. So war er Innungsobermeister
der Buchdrucker-Innung Südbaden, Vorsitzender des Lehrmeis-
ter-Prüfungsausschusses des Graphischen Gewerbes in der Indus-
trie- und Handelskammer Freiburg, Schöffe und Geschworener
am Landgericht, zu welchem Amt er manche Jahre immer wieder gewählt wurde, außerdem Leiter der Mittelstelle Freiburg des
Arbeitskreises für Hausmusik. Und auch wir – seine Freunde –
durften diese seine Veranlagung zum Ordnen erfahren. Er holte
uns Herrn Rieber, der uns den Freiburger Wiederaufbau erklärte;
er bat Professor Bier zu uns, der uns in die Formensprache der
Musik einführte. Er war der Anregende zu so manchen Feiern
und Festen, die unser Leben auch vom Geistigen her wirklich
bereichert haben. Er sagte etwa: »Wir haben einen Dichter unter
uns«, und unversehens war eine Lesung im Gange, wie z.B. meine allererste, zu der er den damals noch Zögernden brachte. Er
war es auch, der uns zu einer Gedenkstunde für den gefallenen
Freund Karl Eiermann führte. Zu anderer Zeit wieder sammelte
er die Maler und Zeichner unter uns, es gab eine Ausstellung in
der Marienstraße mit den Holzschnitten von Georg Stengel, den
Zeichnungen von Walter Wild, den Schriften von Alfred Riedel
und den Aquarellen von Dr. Pflüger. Wer vergißt es je, wieviel
Freude die genialisch aufgebaute »badische conzession« ausgelöst
hat? Und schon vom Tode gezeichnet, hatte er einige Male im
engeren Kreise zu einem Gespräch über die Themen des Buches
»Wo stehen wir heute« aufgerufen. Dies alles war seiner Gabe zu
ordnen zu verdanken, wahrlich ein schönes Beispiel für die Kraft
des Gesetzes.

Karl Schillinger war ein Mann, dessen Herz groß und weit war
wie selten eines. Und wie bei einem vollkommenen Kunstwerk
das Gefühlsmäßige mit dem Formalen, und dieses mit dem

übersinnlichen Gehalt in Harmonie wirken sollte, so trat das Herzwarme dieses Menschen stets dann offen zu Tage, wenn die ordnende Hand am Werke war und die Fragen nach den letzten Dingen ihn beschäftigten. Er wußte auf dem Sterbelager um seinen Tod und bedauerte den Besucher, daß er ihn in so elendem Zustand ansehen müsse. Der Gerichtsvorsitzende schreibt über den Schöffen und Geschworenen Karl Schillinger: »...ich habe ihn als gerecht denkenden Mann, aber auch als verstehenden, mitfühlenden und grundgütigen Menschen kennen und schätzen gelernt.« Es war seine Art, dieses brennende Herz still mit sich zu tragen und wir wollen deshalb auch hierüber nicht viele Worte machen. Eines nur muß ich noch berichten: Als Karl Schillinger 1938 seine Brunhilde gefunden hatte und die beiden Kinder zur Welt kamen, meinte man, alles, was wir Gutes über ihn kennen, sei seither noch klarer und strahlender aus ihm geströmt. So war es eine glückliche Stunde, als Dr. Pflüger im November 1935 Karl Schillinger bat, unsern Singkreis zu leiten. Und wie sein eigenes Leben stand dann dasjenige dieser Singgemeinschaft unter den drei Kräften, die auch den Menschen Karl Schillinger formten: Glaube, Gesetz und Herz.

Sein stilles Frommsein führte uns alljährlich zu weihnachtlichem Singen, oder zu den Kranken im Diakonissenhaus, ja sogar zu den gerne Zuhörenden im Gefängnis, auch zu den Alten in der Stadtmission. Ja, in schwerster Zeit erbittet er von uns das Opfer, am Weihnachtsabend im Paulussaal den Ärmsten der Armen zu singen. Viele, viele Gottesdienste bereicherten wir mit unserm Singen, und als die Not der Nachkriegsjahre am ärgsten war, fuhren wir hinaus auf die Dörfer, sangen in den Kirchen und draußen im Freien mit den Bauern, brachten so geistige Kost aufs Land, ohne mit Hamsterwaren heimzukehren.

Die ordnende Hand spürten wir nur zu gut und folgten ihr willig, weil sie nicht drängend oder rechthaberisch war, sondern eben vom Herzen her fühlend. Singend erlebten wir das Jahr: in der Fasnet, mit Sommerfesten, die Weihnachtszeit, ob im Markenhof oder in Emmendingen, in Auggen oder in Opfingen. Ein besonderes Erlebnis war der Serenadenabend im Hof der alten Universität im August 1944, kurz ehe alles dort zerstört war. Noch sehen wir diese ordnende Hand dirigierend vor uns, unvergeßlich.

Und wir spürten sein liebendes Herz, wenn er uns in der bitteren
Zeit zwischen dem Bombenhagel die Wohnräume in der Marienstraße zur Verfügung hielt, damit wir singend das Grausige,
mit dem sich der Mensch immer wieder quält, für eine Weile
vergessen könnten. Welcher Trost ging aus jenen Stunden her-
vor für die vielen Einsamen jener Zeit! Wir spürten dieses Herz,
wenn er den Bauern die alten Lieder vorsingen ließ, wenn er mu-
sizierend am Cembalo saß oder im Freundeskreis das Wort zum
Gespräch ergriffen hatte. Und weil er so war, lebt es in uns weiter.
Karl Schillinger war uns stets ein Führender, ohne es eigentlich
zu wollen, er war der sanfte Mittelpunkt, um den herum Aus-
geglichenheit und Ruhe strahlte. Sein Leben ist des Nachlebens
wert [s. Abb. 2].

Den Grabstein, der in einem prominenten Bildhauer-Fachblatt
als Muster gezeigt wurde, gestaltete der ebenfalls dem *Singkreis*
angehörende Alfred Riedel.

Kindheit im Schatten des Schwabentors

Meine Mutter, die aus Saarbrücken stammte, hatte eine außergewöhnlich große Verwandtschaft. Bei einem Familienfest, an dem ich als Kind teilnahm, trafen sich allein mütterlicherseits zweihundertfünfzig Familienmitglieder. Dies war organisatorisch kein Problem, da mein Vetter zweiten Grades die Brauerei *GROSS* besaß (mit mehr als hundert Liegenschaften) und den Brausaal zur Verfügung stellte.

Väterlicherseits stammte die Familie Grande ebenfalls aus Riegelsberg bei Saarbrücken. Da meine Großmutter, die ich als einzige in dieser Generation noch in Erinnerung habe, ebenfalls ein ›Adenauer-Typ‹ war, begann mein Großvater seine Berufslaufbahn als Schlosserlehrling, wurde regelmäßig befördert und als Direktor bei den Saarbergwerken pensioniert. Dadurch lebte meine Mutter in einer gutbürgerlichen Familie: Mit jedem Karriereschritt wurde zusätzlich ein größeres Haus gekauft, zuletzt versehen mit einem parkähnlichen Garten und dementsprechendem gemauerten Gartenhaus. Meine Mutter erzählte beispielsweise von der Dienstkutsche, in der sich im Winter gewärmte Steine für die kalten Füße befanden.

Meine Mutter sagte: »Wenn man gefragt wurde: Spielen Sie Tennis?, hatte man zu antworten: Nein, ich bin schon verlobt!« Ihre jüngere Schwester, Elga, wurde elf Jahre nach ihr geboren und hat unsere Familie, d.h. insbesondere meinen Vater, bis zu ihrem Tod begleitet. Obwohl sie elf Jahre jünger war, starb sie mit neunundsiebzig Jahren kurz vor unserer Mutter. Mein Großvater war Freimaurer und dem Zeitgeist entsprechend Wagner-Verehrer. Alle Gebäude, die die Großeltern in Saarbrücken besaßen, wurden im Zweiten Weltkrieg beim Luftangriff zerstört. Großmutter und Elga waren zum Glück in einem Luftschutzbunker, besaßen jedoch nach dem Angriff nicht ein-

mal mehr einen Kaffeelöffel. Die Großmutter (als ›Adenauer-Typ‹) betrieb den Wiederaufbau, obwohl sie wegen eines
Hüftleidens ans Bett gefesselt war. Sie bestellte die ›nötigen‹
Beamten und Bänker ans Bett in der bereits wieder erworbe-
nen Eigentumswohnung in Saarbrücken. In der Hohenzollernstraße wurde ein Mietshaus mit fünf Wohnungen und einer
Dachwohnung errichtet mit Wiedergutmachungskrediten, die
zu ein viertel bzw. ein halbes Prozent verzinst wurden. Da der
Zins geringer war als die Inflationsrate, machte die Großmutter
allein damit Gewinn. Als das Haus fast fertig gestellt war, starb
die Großmutter. Damals hatte ich gerade das Abitur und zog
um die Fertigstellung des Hauses zu sichern nach Saarbrücken
zum Studium der Physik und Philosophie. Die Dachwohnung
bewohnte ich mit meiner zwanzigjährigen Freundin Melitta
sozusagen als Hausbesitzer.

Da mein Großvater immer noch bei den Saarbergwerken bekannt war, konnte ich die fünf Wohnungen *en bloc* an dieses
Unternehmen vermieten, das sie als Dienstwohnungen nutz-
te und von firmeneigenen Handwerkern betreuen ließ. Einzige Bedingung war, dass eine Kohlezentralheizung eingebaut
werden musste, was mir später noch Kopfschmerzen bereitete.
Als Mutter und Tante viele Jahre später mit der Betreuung des
Mietshauses überfordert waren, ließ ich es von zwei unabhängi-
gen Maklern schätzen und bezahlte ihnen zweihundertfünfzig-
tausend D-Mark in bar. Wir fuhren zu dritt standesgemäß mit
dem Jaguar zur Beurkundung nach Saarbrücken. Ich wollte das
Haus in sechs Eigentumswohnungen (einschließlich Dachwohnung) umwandeln und verhandelte sofort mit der Baubehör-
de, die mir strikt mitteilte, dass das Haus nur fünf Stockwerke
habe und keine Dachwohnung im sechsten Stock. Ich bat den
Beamten zur Hausbesichtigung, und dieser musste sprachlos
akzeptieren, dass ich Recht hatte. Auf der Rückfahrt nach Freiburg erzählte ich Mutter und Tante von meinem erstaunlichen
Erlebnis. Sie waren aber der Meinung, dass für sie das nicht

erstaunlich sei: Der Architekt hätte ihnen damals empfohlen, noch ein paar Steine ›draufzulegen‹, sowie das Treppenhaus um zwanzig Treppenstufen zu ›erweitern‹.

Meine Kindheit verbrachte ich wohlbehütet zunächst in der Marienstraße 7a. Mein Vater wollte auf keinen Fall in den Kriegsdienst und wurde notgedrungen Feuerwehrkommandant und Vorsitzender eines Ausschusses bei der Industrie- und Handelskammer. Durch einen Mitarbeiter bekam er Kontakt zur Tannenschmiede im Jostal, wo das Cembalo sowie Porzellan und Gläser im Haus eingelagert wurden. Der Transport erfolgte in Anhängern der Feuerwehrautos. Da ein Anhänger im Höllental abriss, waren Porzellan und Gläser nach dem Krieg nur noch zwölfteilig.

In unserem Haus richteten wir einen Luftschutzkeller ein. Den Garten bedeckten wir mit weicher Erde, damit mögliche Bomben zu Blindgängern wurden, was auch tatsächlich eintraf! Beim großen Fliegerangriff auf Freiburg 1944 wurden zunächst ›Christbäume‹ abgeworfen, um den Bombenteppich zu markieren. Der Höllentäler Wind wehte sie in Richtung Mooswald, so dass unser Haus mitten in der Altstadt beim Schwabentor versehentlich verschont blieb und umgekehrt im Mooswald große Bombentrichter entstanden. Wir erlebten bzw. überlebten den Angriff im hauseigenen Luftschutzkeller, wo ich allerdings als Vierjähriger psychischen Schaden nahm und danach lange stotterte und schielte.

Mein Vater war doch noch zum ›Volkssturm‹ eingezogen worden und erkrankte in Ungarn an Typhus. Er wurde aus der Gefangenschaft entlassen, weil man bei dieser Krankheit nichts mit der Leiche zu tun haben wollte. Dennoch kam er zu Fuß bis nach Freiburg. Ihm war klar, wie krank er aussah. Er wollte uns deshalb nicht erschrecken und besuchte zunächst die Nachbarin, Frau Jaufmann, die uns informierte. Er sei wieder daheim und jetzt bei ihr. Typhus war hoch ansteckend, Kinder müssen speziell geschützt werden. Elga, die Schwester meiner Mutter, kam aus Saarbrücken, wo sie die Großmutter gepflegt hatte, nach Freiburg. Unsere große Wohnung wurde in zwei hermetisch abgeschottete Hälften geteilt. In der einen kochte die Mutter für den kranken Vater, in der anderen Elga für die beiden Kinder.

Für die Tannenschmiede im Jostal hatte mein Vater immer alles beschafft, was man eigentlich offiziell nicht bekam. Deshalb waren meine Schwester ab dem dritten Lebensjahr und ich ab dem vierten dort stets willkommen. Der Typhus führte dazu, dass wir uns oft wochenlang im Jostal aufhielten. Unsere Jugenderinnerungen sind durch dieses Tal und die Familie Bach geprägt. Die Anfahrt war abenteuerlich, da die Ravennabrücke gesprengt war und man von Posthalde/Höllsteig bis Hinterzarten mit einem antiken Bus fahren musste. In Hölzlebruck mussten wir aussteigen. Mit dem schweren Gepäck war das sehr umständlich und nicht so schnell möglich, so dass die Notbremse gezogen werden musste. Ich war damals noch so klein, dass ich unter dem Ochsen ›Stern‹ durchlaufen konnte.

Trotz der Typhus-Erkrankung des Vaters verbrachten wir eine romantische Jugend. Der Schuleintritt ergab neue Fragen. Die öffentlichen Volksschulen in der Nähe des Schwabentors hatten oft achtzig Schüler, aber keine Fensterscheiben. Obwohl das Schulgeld hoch war und wir zur Anthroposophie keinen Bezug hatten, wurde die neu gegründete Waldorfschule in der Hochmeisterstraße gewählt. In meiner Klasse war Janette Tönnies, deren Vater am Schlossberg eine Villa unterhalb vom Dattler mit gigantischem Ausblick gekauft hatte. Dort verbrachte ich viele Stunden, z.B. als Schüler und später wieder mit mehr als sechzig Jahren an Silvester. Während der Tanzstunden-Zeit feierten wir im Hause Tönnies ausgiebige Tanzabende. Die Eltern waren häufig verreist, wir durften den *Opel Kapitän* benutzen und konnten den Sonnenaufgang vom Schauinsland aus bewundern. Janettes Vater war ein begnadeter Physiker (Medizintechnik) und Pazifist. Deshalb durften Janette und ich mit dieser Limousine zum Ostermarsch nach Stuttgart fahren. Wir übernachteten auf der Rückfahrt wildromantisch in einer Winzerhütte inmitten eines Weinbergs.

Die Waldorfschule hatte Fensterscheiben und vorzügliche Lehrer; sie war für mich, der ich durch den Angriff geschädigt war, sehr förderlich. Mein bester Freund war Günter Geert. Mit ihm und meinem Vetter Rainer unternahmen wir auch wochentags unzählige Radtouren im Schwarzwald. Später hatte die Waldorfschule in einer Villa in der Holbeinstraße ihren Sitz neben dem schweizerischen Konsulat. Es war für mich und meine Schwester ein ziemlich weiter Schulweg vom Schwabentor aus. Vieles war improvisiert, aber stets liebevoll organisiert.

In diese Zeit fielen auch die großen Feste im Hause Schillinger, vor allem an Fasnacht. Mein Vater saß dann meist am Klavier im aufwendig dekorierten Musikzimmer und tanzte am liebsten mit einem Besen, da dies am unproblematischsten war. Meine Tanzstundenfreundin verliebte sich in meinen Vater und hasste dafür den Besen. Im Haus in der Marienstraße fanden sogar Kunstausstellungen und Konzertaufführungen statt. Außerdem erinnere ich mich gut an die Wanderungen und Sommerfeste des *Hau-mu-Krei-schi* (Hausmusikkreis Schillinger).

Auch die Großfamilie Karl und Hermann Schillinger mit zusammen sechs Kindern (meine Schwester sowie eine Cousine und drei Vettern) unternahmen Wanderungen über den Schlossberg und im Schwarzwald. Wir waren als Kinder in der evangelischen Jugend, die am Toten Mann die Freilandhütte benutzen durfte (ich war dort später der Hüttenwart). Weihnachten feierten zunächst die Familien getrennt, anschließend mit gegenseitigem Besuch in der Wall- und Marienstraße. Bei uns stand ein Weihnachtsbaum von dreieinhalb Metern Höhe.

Die Jahre im Jostal

Wir wohnten bereits als Kleinkinder im Jostal. Die Familie Bach wurde zu unserer zweiten Heimat. Der Schmied und seine Frau hatten zahlreiche Kinder und eine kleine Landwirtschaft als Nebenerwerb, später auch Fremdenzimmer. Heinz war für mich Bruder und Vater. Er war zehn Jahre älter und später als ›bester Freund‹ mein Trauzeuge. Als Schmiedemeister übernahm er den mittlerweile auch Landmaschinen führenden Betrieb und heiratete Luise aus Langenordnach. Sie gebar ihm Clemens, den heutigen Chef einer modernen Autowerkstatt. Willy war jünger und wurde Schreiner. Bei ihm schreinerte ich als Schüler ein Bücherregal, das noch heute im *Penthouse* am Schwabentorring steht. In unserem Alter war die Jüngste namens Rita, die uns meistens mit dem Leiterwagen (für das Gepäck) in Hölzlebruck abholte. Ich durfte auch meinen besten Freund Günter mitbringen in dieses Paradies, das ich nie vergessen werde. Selbst noch als Student fühlte ich mich verpflichtet, mit dem *2 CV* ins Jostal zu fahren, um beim Heuen zu helfen.

Der größte Teil meiner Jugenderinnerungen bezieht sich aufs Jostal. Hier lernte ich mit vier Jahren Skifahren. Heinz bekam von meinem Vater einen knapp kalkulierten Geldbetrag für Holz-Ski ohne Stahlkanten. Der Not gehorchend musste Heinz die Skistöcke aus Haselnuss-Stecken selbst schnitzen. Geübt wurde auf der kleinen Strecke zwischen der Straße und der tiefer liegenden ›Schmiedebruck‹, wo die Pferde beschlagen wurden.

Im Sommer badeten wir unten in der Schildwende im ›Gumpen‹, das war eine aufgestaute Stelle im Bach, wo wir schwimmen konnten. Willy war in der Lage, im Bach mit bloßer Hand Forellen zu fangen. Mit dem Velo fuhren wir zum Gemischtwarenladen, um für zehn Pfennige Brausepulver zu kaufen.

Heinz hatte ein Faltboot gebaut, mit dem wir auf dem Titisee paddeln konnten. Später benutzten wir noch ein Betttuch als Segel. Als Heinz sein erstes Motorrad erwarb (eine *Zündapp*), machte er mit mir stolz eine Tour durch den Schwarzwald; seine Unsicherheit mit dem Motorrad übertrug sich auch auf mich als Sozius.

Endlich wurde der Ochse durch den ersten kleinen *Hanomag*-Traktor ersetzt. Als wir mit voll beladenem Heuwagen den ›Zipfelstich‹ hochfahren wollten, blieb der Schlepper stehen. Der Tannenbauer spannte also seinen schweren Ochsen vor Traktor und Heuwagen, und fast mühelos zog der alles lässig bis in die Scheune. Heinz hatte einfach vergessen, den Kraftstoffhahn zu öffnen. Das passierte ihm danach nie mehr. Das erste Auto war ein schwarzer *VW-Käfer*, der wie ein Heiligtum bewundert wurde.

Meine letzte Großtat im Jostal war die Erbregelung zwischen den drei Erben von Heinz und Luise. Zur Beurkundung der Übergabe des Hofgutes an Clemens, der eine Autowerkstatt (mit großer Halle, Büro, Lager etc.) mit der Volksbank finanzieren wollte, versammelte sich die Familie beim Notar, doch leider ohne Ergebnis, da das Grundstück Bauerwartungsland war und als solches nicht ausschließlich an Clemens ›gehen‹ sollte. Die Familie war ratlos und bat mich um Hilfe. Als erfahrener Berater führte ich zunächst mit jedem der fünf Familienmitglieder Einzelgespräche. Alle stimmten zu, dass Clemens der Hoferbe werden sollte als Voraussetzung für die Finanzierungszusage der Volksbank. Der Zweitälteste beanspruchte den Wald und die Wiese beim ›Schottenbeck‹. Regina war zum Glück mit allem einverstanden, damit es möglichst schnell eine friedliche Lösung gab. Gesagt, getan, die Lösung war einfach, wurde vom Notar jedoch nicht anerkannt: Das Bauerwartungsland blieb bei Heinz und Luise mindestens so lange, bis klar war, dass es tatsächlich Bauland werden würde. Alle waren zufrieden und sind mir vermutlich bis heute dankbar.

Abitur am Kepler-Gymnasium

Die Entscheidung meiner Eltern, meine Schwester und mich in der Waldorfschule einzuschulen, war sicher die beste. Das Problem lag allerdings darin, dass wir zumindest in der Waldorfschule Freiburg kein Abitur ablegen konnten.

Als ich vierzehn Jahre alt war, stand mein ältester Vetter Wolf-Dieter vor der Entscheidung, Buchdrucker zu werden, um später das Unternehmen meines Vaters und meines Onkels zu übernehmen, das damals stattliche fünfzig Mitarbeiter hatte. Er wollte das allerdings nur tun, wenn ich als wesentlich jüngerer Vetter auf eine Berufstätigkeit im elterlichen Unternehmen verzichtete. Seine Überlegung war grundsätzlich richtig: Bei zwei Brüdern, die sich optimal ergänzen, ist eine gemeinsame Geschäftsführung sogar erstrebenswert. Bei zwei Vettern – der eine mit, der andere ohne Abitur – und einem erheblichen Altersunterschied, ist eine berufliche Lebensgemeinschaft eher fragwürdig.

Ich entschied also mit vierzehn, nicht Buchdrucker zu werden. Doch was sollte ich tun auf der Waldorfschule ohne die Möglichkeit, das Abitur abzulegen? Die größte Schwierigkeit war allerdings, von der Waldorfschule in die Obertertia des Gymnasiums zu wechseln. Ein entfernter Freund meines Vaters aus dem früheren Bibelkreis war Direktor des Kepler-Gymnasiums. Er war überzeugt, dass ein direkter Übertritt von der Waldorfschule zum Gymnasium nicht möglich sei. In der Waldorfschule gab es keine Benotung, sondern nur eine Beurteilung der Persönlichkeit. Als verkappter Legastheniker hatte ich in der Waldorfschule nie richtig schreiben und lesen gelernt. Dies wäre mir bei der Aufnahmeprüfung ins Kepler-Gymnasium beinahe zum Verhängnis geworden. Der Deutsch-Prüfer hieß Herr Glatt. Im Diktat kam ausgerechnet das Wort ›glatt‹

vor; ich aber schrieb absolut überzeugt ›glad‹. Trotz liebevoller Intervention des Herrn Glatt wollte ich weiterhin bei meiner Version bleiben. Er hatte zum Glück den Eindruck, dass ich intelligent sei und das Schreiben schon noch lernen würde.

Von der Waldorfschule wechselte ich also zunächst für sechs Monate auf das private Lehrinstitut Höhn in der Erbprinzenstraße. Eine Mitschülerin wurde später die Frau des Präsidenten der Freiburger Finanzämter, was mir später noch vergnügliche gemeinsame Stunden bescherte.

Mein Mathe- und Physiklehrer war Professor Feuerstein, der mich so beeindruckte, dass Physik und Mathematik meine Lieblingsfächer wurden. Beim Übertritt zum Kepler-Gymnasium hatte ich in den meisten Fächern Probleme. In Mathematik war ich allerdings von Anfang an bis zum Abitur Klassenprimus, gelegentlich im Wechsel mit meinem guten Freund Roland Krämer, der später ebenfalls Physiker wurde, unsere gemeinsame Freundin heiratete und das väterliche Unternehmen *Pumpen Lederle* in Gundelfingen übernahm. Sein Vater war guter Kunde unserer Druckerei und wurde gelegentlich nicht mit *Pumpen Lederle*, sondern mit ›Lumpen Peterle‹ bezeichnet.

Der Übergang ins Kepler-Gymnasium war also gelungen. Mein bester Freund und Klassenkamerad dort war Thomas Schelenz, dessen Vater Bildhauer und mit meinem Vater ebenfalls im BK der Jugendbewegung war. Thomas und ich haben praktisch die gesamte Freizeit miteinander verbracht: Radfahren im Schwarzwald, Skifahren auf dem Feldberg und Schauinsland, wo wir häufig übers ›Kaltwasser‹ nach Horben und die Luisenhöhe bis nach Günterstal abfuhren, um dann mit der Straßenbahn zum Schwabentor zu kommen. Einmal nahmen wir den Zug bis Bärental, dann den Postbus zum Feldberg. Auf den Skiern fuhren wir über den Toten Mann zur Freilandhütte bei der Stollen- bzw. Erlenbacher-Hütte. Dort übernachteten wir bei Eiseskälte. Am nächsten Tag ging es über die Ginsterhalde nach Oberried und Kirchzarten und mit dem Zug in die Wiehre. Früher gab es so viel Schnee, dass die Abfahrt nach Günterstal und Kirchzarten möglich war.

In der Parallelklasse war Christian Phyrr, mit dem ich musizierte und der später Dirigent wurde; Wolf Hockenjos aus St. Märgen, mit dem ich dreißig Jahre später ein Buch über das Waldsterben konzipierte und das in meinem *gerhard schillinger verlag* erschien; Frank Mülbert aus Muggenbrunn, der mich später als HNO-Arzt vorzüglich betreute und Nico Westphal (heute von Gayling), Schlossherr von Ebnet, mit dem ich wieder Kontakt habe.

Der eindrucksvollste Klassenlehrer war zweifellos Professor Kindler, der unsere Klasse übernehmen musste, da sie als nicht beherrschbar galt. Er wollte beweisen, dass sie beherrschbar sei, was ihm tatsächlich gelang. Er betreute uns bis zum Abitur, wurde später Professor an der Pädagogischen Hochschule und Präsident des Oberschulamtes. Es gab allerdings mit unserer Klasse immer wieder dramatische Vorfälle, beispielsweise auf einer Schulfreizeit in der Schulhütte auf dem Schauinsland wegen Alkoholmissbrauchs und nächtlichen Exkursionen zur Schulfreizeit eines Mädchen-Gymnasiums und der bekannte Schulausfall, weil das Türschloss des Klassenzimmers mit Zement ›gefüllt‹ war.

In den Ferien wohnten wir natürlich oft in der Tannenschmiede, fuhren Ski im Jostal oder in Falkau, Übernachtung im evangelischen Ferienheim. Später waren wir mit Hengstenbergs, den Schwiegereltern meiner Schwester, in La Punt im Engadin und somit auf der Diavolezza.

Eindrucksvoll war auch unsere erste Auslandsreise mit dem *Opel*-Cabriolet und zwei Zelten an die italienische Riviera; später mit dem *Opel Rekord* zur Weltausstellung nach Brüssel mit dem Atomium und nach Katwijk in Holland; nach Umbrien und in die Toskana; entlang der Romantischen Straße und weitere ›Kunstreisen‹, die unser Vater in vielen Nächten sorgfältig vorbereitete.

Ein besonderes Ereignis im Jahr war der Geburtstag meines Vaters am 3. Juli, wo es stets ein umfangreiches Musikprogramm gab. Meistens konnte er bei schönstem Wetter auf der Terrasse in der Marienstraße gefeiert werden.

Das Abitur war unproblematisch, der Notendurchschnitt ließ ein Physik-Studium zu, das damals als einziges Fach einen Numerus clausus hatte. Auf das Sportabitur musste ich allerdings verzichten. Der Grund war, dass ich Wehrdienstverweigerer werden wollte und deshalb nach Möglichkeit ›untauglich‹ geschrieben werden musste. Es war möglich, hätte aber schlecht zu einem exzellenten Sportabitur gepasst. Ich war einer der ersten Wehrdienstverweigerer im Nachkriegsdeutschland und musste in einem Verfahren beweisen, dass es mir ernst war. Rechtsbeistand war schon damals Christhard Schiller, der später über Jahrzehnte mein Rechtsberater blieb.

Physikstudium in Saarbrücken und Freiburg

Zum Studium wollte ich auf jeden Fall weg von Zuhause. Da Mutter und Tante das Mietshaus in Saarbrücken geerbt hatten und einen Hausverwalter suchten, war alles klar. Ich erhielt die Dachwohnung in der Hohenzollernstraße und hatte damit eine ›sturmfreie‹, kleine Wohnung. Auf einer Tagung der evangelischen Studentengemeinde war ich Melitta ›aufgefallen‹. Als sie mich in der Mensa in der Warteschlange sah, drängte sie sich vor und begann ein Gespräch. Das war der Anfang einer mehrjährigen wunderschönen Partnerschaft, für die die ›sturmfreie‹, kleine Wohnung wie geschaffen war. Damals war es absolut unüblich, dass ein Student bereits im ersten Semester eine eigene Wohnung hatte.

Da ich nicht wusste, was ich studieren sollte und die Zulassung für das Physikstudium hatte, wollte ich gemäß Heisenberg ein möglichst umfassendes Studium beginnen, nämlich Physik und Philosophie. Melitta wollte auf keinen Fall Lehrerin werden, liebte jedoch Sprachen und begann dementsprechend ein Studium als Fremdsprachenkorrespondentin.

Saarbrücken war eine der ersten Campus-Universitäten, da sie von den Franzosen auf einem ehemaligen Kasernengelände in einem großen Wald zwischen Saarbrücken und Dudweiler angesiedelt wurde. Alles war französisch geprägt und bot einigen Professoren, die NS-belastet waren, einen vorzüglichen beruflichen Wiedereinstieg nach dem Krieg: Es waren Professoren, die an der Raketenentwicklung beteiligt waren, mit Politik eigentlich nichts am Hut hatten und weltberühmte Kapazitäten waren.

Campus-Universität bedeutete, dass Melitta und ich mit dem Bus, später mit dem Moped und dann mit dem *2 CV* (›Ente‹)

um 7.^{30} Uhr in die Uni fuhren und oft erst nach dem Philo-sophie-Seminar, das Melitta ebenfalls besuchte, gegen Mitter-nacht nach Hause kamen. Im Fach Physik war Oskar Lafontai-ne ein Studienkollege. Auf dem Campus-Gelände kannte jeder jeden, alle gingen zur gleichen Mensa. Melitta und ich fuhren stattdessen oft mit einem Picknickkorb ins Gelände. Es war eine traumhafte Zeit. Wir waren mit drei weiteren, sehr jungen Paaren befreundet und führten oft ein Leben wie ein älteres Ehepaar.

Kaum hatten wir uns kennen gelernt, schlug Melitta vor, in den Sommersemesterferien an einer Unterwasserexpediti-on im Mittelmeer teilzunehmen. Sie hatte einen englischen Freund, der bei *Eurovision* tätig war und den Auftrag hatte, für das Vorabendprogramm einen Unterwasserfilm zu drehen. Er wusste nichts von unserer Beziehung und Melitta stellte mich als Physik-Experten vor, der Geräte wie Ultraschall als Fachmann erklären sollte, was ich auch übernahm. Er hatte eine Motorjacht gechartert, die einem Engländer mit eben-falls bildhübscher deutscher Freundin gehörte, die für das Kochen zuständig war und von Melitta unterstützt wurde. Der Sechste im Team war ein belgischer Berufstaucher. Der Bootseigner und seine Freundin schliefen in der Achterkajü-te, die vier weiteren Kajüten konnten als Einzelschlag benutzt werden und der Engländer stellte weder Forderungen noch schöpfte er Verdacht. Melitta war Einzelkind, ihre Eltern eher konservativ, so dass sie von meiner Existenz lange Zeit nichts erfuhren.

Wir hatten nur wenig Geld und beschlossen, per Autostop durch wunderschöne Landschaften nach Nizza zu trampen. Dort trafen wir uns am Flugplatz so mit den Kollegen, als wä-ren wir eben erst gelandet. Wir waren eineinhalb Monate auf der Jacht – mit eigenen Kompressoren für die Druckflaschen – und hatten wirklich interessante Erlebnisse. Nach dieser Er-fahrung waren wir ein Paar.

In den nächsten Sommersemesterferien gab es ebenfalls eine erlebnisreiche Reise: Ein Freund hatte auf Kreta in Matala, das damals gottverlassen war, eine kleine Lehmhütte mit einem Esel, den man zum Trinkwasser holen benötigte. Wir fuhren mit dem *2 CV* über Wien nach Ungarn, ein 1962 touristisch noch kaum erschlossenes Land, lernten den Plattensee und Budapest kennen. Wir suchten uns jeweils am späten Abend einen Schlafplatz im *2 CV*, wobei es einmal so dunkel war, dass wir im Sumpf landeten. Am nächsten Morgen zog uns ein Bauer mit seinem Pferd wieder auf die Straße. Über Jugoslawien reisten wir nach Athen und konnten dort das Auto auf einem Gelände der *BASF* abstellen.

Mit dem Linienschiff Überfahrt nach Iraklion. Ein Spiegelei mit Kartoffeln kostete damals im nahe gelegenen ›Restaurant‹ (›Cafenion‹) etwa zwanzig Cent, anschließend Weiterfahrt mit einem abenteuerlichen Bus in den Süden von Kreta. Alles war traumhaft, die Hütte direkt am Meer, die Höhlen in den Felsen und die Gastfreundschaft der Griechen. Unser Nachbar war Finanzbeamter und besaß ein Motorrad, das wir selbstverständlich leihen konnten. Wir fuhren nach Iraklion, anschließend ins Tal der Windmühlen und besichtigten Höhlen mit ›Graffitis‹, die man uns bei Kerzenschein zeigte.

Ein Problem gab es: Alle dreißig Kilometer war die Zündkerze des Motorrads verrußt und musste gereinigt werden. Alles ging gut, bis auf der Rückfahrt kurz vor Matala die Regenzeit begann. Die gesamte Landschaft stand unter Wasser, eine Straße konnte man nicht mehr identifizieren, unser Motorrad versank im Schlamm. Natürlich nahm der nächste LKW uns und das Motorrad mit. Zum Schluss konnten wir nur noch mit dem Esel zur Hütte zurückkehren; das Motorrad blieb auf dem LKW, jeder wusste, wem es gehörte und es wurde automatisch zurückgegeben.

Unsere Hütte stand ebenfalls unter Wasser. Alles war durch-
nässt; am schlimmsten war für uns der Zustand eines Tage-
buchs, das Melitta für mich geschrieben hatte und dem man
diese Katastrophe heute noch ansieht. Wir beluden also unseren Esel und kehrten mit einem dreirädrigen Motorrad und per
Bus zurück nach Iraklion. Neues Ziel war Rhodos. Der Regen
ließ unzählige Pflanzen erblühen. Wir besuchten Lindos, von
dort besitze ich noch heute eine meiner zahlreichen in Windes-
eile angefertigten Zeichnungen. Die Überfahrt in die Türkei
fiel buchstäblich ins Wasser, wir reisten zurück nach Athen.

Natürlich habe ich in diesen drei Jahren auch Physik studiert
und das Vordiplom abgelegt. Wichtiger als das Studium war
allerdings ein Praktikum bei der *BASF* in Ludwigshafen. Ich
arbeitete in der Mess- und Regeltechnik und entwickelte eine
Steuerung, mit der man Kunststoffe so einfärben konnte, dass
die Farbe konstant die gleiche blieb. Fallbeispiel waren Klavier-
tasten aus Kunststoff, die stets die gleiche Farbe haben mussten.
Ich besaß ein Dienstfahrrad, um die sieben Kilometer lange
BASF zu durchqueren. Der BK-Freund meines damals schon
todkranken Vaters war Erster Physiker der *BASF* und hatte
zweitausend Leute unter sich. Wir hatten eine eigene Kantine,
die *Roter Ochse* hieß, wegen der Farbe des Gebäudes.

Als dann mein Vater an einem Hirntumor qualvoll gestorben
war, änderte sich unser Leben dramatisch. Als Besitzer der
kapitalintensiven Druckerei hatten Vater und Onkel alles ins
Geschäft investiert, es gab keine Altersversorgung für uns und
unsere Mutter! Die Firma war eine OHG mit mündlichem Ge-
sellschaftervertrag. Meine Mutter war durch das einjährige Lei-
den und die entsprechende Betreuung meines Vaters am Ende
ihrer Kraft. Ich musste sofort aus Saarbrücken nach Freiburg
zurückkehren. Melitta wollte nur nach Freiburg mitkommen,
wenn wir uns verloben würden. Das war für mich eindeutig zu
früh, sie blieb in Saarbrücken. Ich war für viele Jahre Junggeselle und konnte mich voll auf mein Studium konzentrieren. Al-

lenfalls hatte ich Ski-Freundinnen, mit denen ich den Feldberg im Winter mindestens einmal pro Woche besuchte. Es waren Bärbel Würstlin aus der *BASF*-Zeit und meine Studienkollegin Magret, die spätere Ehefrau des Freiburger Oberbürgermeisters Rolf Böhme.

Studium der Nationalökonomie in Freiburg und Wien

Es war klar, dass ich mit meinem Onkel zumindest die Altersversorgung für unsere Mutter aushandeln musste. Mein Onkel war schockiert vom frühen Tod seines Bruders und setzte alles daran, dass sein ältester Sohn Wolf-Dieter – mittlerweile Buchdruckermeister in Aschaffenburg – schnellstmöglich die elterliche Druckerei übernahm, um wenigstens die Altersversorgung seines Vaters zu sichern. Es gab also fünf Gesellschafter: Onkel und Vetter als Komplementäre sowie meine Mutter, meine Schwester und ich als stille Gesellschafter (Kommanditisten) ohne Haftung.

Als Student der Physik und Philosophie hatte ich noch nie eine Bilanz analysiert und hielt AfA (Abschreibung auf Anschaffung) für eine Strumpfmarke. Dies sollte sich schnell ändern! Onkel und Vetter verhandelten knallhart, meine Mutter sah vor allem Katastrophen, meine Schwester brach ihr Romanistik- und Musikstudium ab, wurde Volksschullehrerin, heiratete und fuhr mit ihrem Mann zum zweijährigen *Post-doc* und Tiefschneefahren nach Denver/Colorado.

Onkel, Vetter und ich hatten einen gemeinsamen Anwalt, der jeweils mit ihnen und separat mit uns verhandelte. Nach einem Jahr, in dem ich nebenbei das Vordiplom in Physik ablegte, war alles geregelt. Es gab eine Besitz- und eine Betriebsgesellschaft; diese als KG mit fünf Gesellschaftern. In der Besitzgesellschaft waren nur mein Onkel und meine Mutter. Wir hatten eine leichte Mehrheit, da meine Großmutter den Grundstückskauf mitfinanziert hatte. Die Schwester meines Vaters, die ursprünglich die evangelische Buchhandlung in Freiburg führte und nun mit einem Studienrat in Konstanz verheiratet war, wurde ausbezahlt.

Für mich war die Frage, was ich nun mit meinem Vordiplom in Physik tun sollte. Ich verstand mittlerweile von Physik genauso viel (oder wenig) wie von Wirtschaft. Da ich wenig Sitzleder hatte, entschied ich mich für ein Wirtschaftsstudium in Freiburg (wegen der Mutter) und hatte renommierte Professoren, beispielsweise von Hayek. Man räumte mir wegen des Vordiploms in Physik das Recht ein, in nur sechs statt acht Semestern zu diplomieren. Als erfahrener Student war ich von Anfang an Primus.

Ich hatte festgestellt, dass Praktika ebenso wichtig waren wie die Uni (oder vielleicht noch wichtiger). Also war ich im Sommer Praktikant bei der *Badischen Kommunalen Landesbank* (*Bakola*), die ein BK-Freund meines verstorbenen Vaters leitete. Im nächsten Frühjahr wurde ich für die *Bakola* nach London zur *Lloyds Bank* entsandt. Ich hatte eine *Landlady*, die mich eines Tages beim Frühstück besonders aufmerksam ansah. Am Vorabend war unser Unterwasserfilm im englischen TV gezeigt worden und sie hatte mich erkannt. Ich hatte zwei Supermonate in London, zahlreiche Verehrerinnen aus der *German Association*, jedes Wochenende eine Exkursion der Bank zum Mount Snowden, an Ostern nach Dublin/Irland und spielte auf dem bankeigenen Golfplatz bei Brighton zum ersten Mal (nicht sehr erfolgreich) Golf – alles mit dem *2 CV* als Gefährt. Meine Golf-Karriere endete Jahre später endgültig, als mein Hund Boby als wohlerzogener Labrador-Apportier-Hund auf dem Golfplatz in Schönenberg bei Zürich immer wieder die abgeschlagenen Bälle meiner Kollegen ›zurückbrachte‹.

Ich hatte von der Studentenaustausch-Organisation *AIESEC* gehört und war zur Mitarbeit bereit. Präsident des Lokalkomitees in Freiburg war Frank Wiehler, der später in der Schweiz Arbeitskollege war und heute wieder in Freiburg an der Sonnhalde wohnt. Wir hatten herrliche Segelerlebnisse mit unseren ausländischen PraktikantInnen aus aller Welt auf dem Bodensee.

Frank riet mir: »Wenn du ein Praktikum in den Vereinigten Staaten machen willst, musst du Präsident des Lokalkomitees werden, dann verteilst du die Praktikantenplätze.« Freiburg hatte Anspruch auf e i n e n USA-Platz, den ich selbstverständlich haben wollte – und auch bekam! Frank war froh, einen Nachfolger zu haben. Meine Mitstreiterin bei *AIESEC* war Ingeborg Hensle, die ich vom Goethe-Gymnasium via Tanzschule Büttner (heute Fritz) kannte; sie heiratete später Wolfgang Schäuble, mit dem ich als Studienkollege noch heute ›per Du‹ bin. Ich verbrachte also die nächsten Semesterferien in den Vereinigten Staaten; Ingeborg in Jugoslawien.

Eine 707-Sondermaschine der *Lufthansa* flog uns von Köln nach Washington. Dort erlebten wir eine einwöchige Einführung in den ›American Way of Life‹. Beim ersten Cocktail wurde ich mit meinem Schwarzwald-Englisch gefragt: »Are you from Chicago?«, und ich sagte stolz: »Sure« und wusste, dass hier alle kein britisches Englisch sprachen. Ich hatte ein Busabonnement »99 Dollar for 99 Days«, konnte also neunundneunzig Tage mit dem *Greyhound* pauschal fahren, wohin ich wollte: in alle Staaten der USA, Nord-Mexico und Süd-Kanada.

Mein Praktikantenplatz war in North Carolina, betreut von der Universität Chapel Hill. Ich war bei *Prestige Furniture* in Newton. Der Firmenpräsident begrüßte mich persönlich und übergab mir einen *Cadillac*, denn er hatte soeben einen neuen gekauft. Von dem *Southern Accent* verstand ich kein Wort. Keiner bemühte sich, wegen mir verständliches Englisch zu sprechen. Mein persönlicher Betreuer war ein Studienrat, der sich das eigentliche Geld als Personalbetreuer in den Schulferien verdiente. Ich war in dem kleinen Ort jeden Abend eingeladen, kam mehrfach mit meinen Vorträgen über *Old Germany* in die

Lokalzeitung und gab dem Lokalsender mehrere Interviews – natürlich per Schwarzwälder-Englisch.

Der Präsident übertrug mir meine Aufgabe. Die Firma stellte Polstermöbel her, die mit wertvollem Stoff überzogen waren. Wichtig war, aus der Stoffbahn möglichst viele Teile zu gewinnen. Er gab mir also die Schnittmuster für einen Sessel oder ein Sofa. Ich sollte diese auf einer Papierbahn, die genauso breit war wie die wertvolle Stoffbahn, so anordnen, dass möglichst wenig Stoff benötigt wurde. Ich wollte die Teile zunächst geometrisch erfassen und dann mit der ersten Ableitung gleich Null kalkulieren. Bald war klar, dass die Aufgabe nur mit Phantasie gelöst werden konnte, die bei mir offenbar stärker ausgeprägt war als bei meinem amerikanischen Kollegen, der die Aufgabe ebenfalls berechnen sollte. Jedenfalls kam der Präsident nach drei Tagen mit dem Zollstock, stellte fest, dass ich wesentlich weniger der wertvollen Stoffbahn pro Sessel oder Sofa benötigte und verdoppelte meinen Lohn. Dies wiederholte sich einmal pro Woche.

Am Wochenende wurde ich vom deutschen Chefdesigner der benachbarten Tonet-Stuhl-Fabrik mit Familie auf ihre Segeljacht eingeladen oder auf die Farm des Zahnarztes. Das Leben in North Carolina war so angenehm, dass alle überzeugt waren, ich würde das wirklich attraktive Angebot des Präsidenten, langfristig zu bleiben, mit Sicherheit annehmen. Doch ich sah 1965 auch die Vereinigten Staaten der Rassendiskriminierung, der Drogenprobleme und des ziemlich oberflächlichen Lebensstils. Jedenfalls erklärte ich nach zwei der vorgesehenen drei Monate, dass ich genug Geld verdient hätte und nun mit dem *Greyhound*-Bus alle Staaten, Nord-Mexiko sowie Süd-Kanada bereisen wollte.

Der Präsident erklärte mir, es könne nicht sein, dass jemand genug Geld verdient hätte und gab mir aus Mitleid über meine Entscheidung zum Abschied noch fünfzig Dollar. Da man damals für einen Dollar vier D-Mark erhielt, hatte ich als armer Student soviel Geld verdient, dass ich in Saarbrücken meinen ersten Sportwagen erwarb. Als erstes nach dem Kauf unternahm ich mit meiner Mutter eine Fahrt in diesem offenen Wagen über Pilsen und Karlsbad nach Prag, die sie mit viel Vergnügen genoss.

Nach dem Erfolg in den Vereinigten Staaten stand ich auf einer Liste, die mich für weitere Auslandseinsätze als Praktikant qualifizierte. Der nächste Einsatz 1966 war besonders spektakulär. Es war der erste Studentenaustausch zwischen der Bundesrepublik und Japan – damals noch für viele ein unbekanntes Land. Es gab in der U-Bahn in Tokyo noch keine englischen Beschriftungen, man wusste eigentlich nie genau, wohin man fuhr. Wir mussten sechs Monate Japanisch-Unterricht nehmen, der für mich praktisch ohne Erfolg war, da nur kleine Veränderungen bei der Aussprache den Sinn des Wortes komplett veränderten.

Als wir wieder mit einer Sondermaschine über den Nordpol und Alaska nach Tokyo flogen, wurde plötzlich das Besteck abserviert und durch Ess-Stäbchen ersetzt. Ich konnte mir kaum vorstellen, auf diese Weise genug Nahrung aufnehmen zu können und erlitt während des Japanaufenthalts tatsächlich einen Gewichtsverlust von zwanzig Kilogramm. Beim Empfangs-Dinner durch die Direktion meiner Lebensversicherungsgesellschaft mit dreißigtausend Mitarbeitern benutzten zu meinen Ehren alle Direktoren Besteck, mit dem sie die gleichen Probleme hatten, wie ich beim Frühstück mit den Stäbchen.

Ich wohnte in einem Gästehaus der *Asahi*-Versicherung und schlief auf der ungepolsterten Tatami-Matte mit einem kleinen Holzschemel als Kopfkissen. Zum Frühstück gab es Reis mit Algen und ausnahmsweise einem rohen Ei. In der Zehn-Millionen-Stadt Tokyo arbeitete lediglich ein einziger Bäcker, dessen Brot ich nur in der Deutschen Botschaft, die uns perfekt betreute, zu Gesicht bekam. Wegen der bildhübschen Japanerinnen, die sich sofort in die nicht mit Schlitzaugen versehenen Studenten verliebten, musste der Deutsche Botschafter speziell einen Arzt für Geschlechtskrankheiten engagieren. Bei der Frauendiskriminierung in Japan hatte fast jede Japanerin den Wunsch, möglichst schnell nach Europa auszuwandern.

Asahi hatte für mich einen Betreuer (›Watanabe‹), der mir Tag und Nacht zur Verfügung stand, wenn ich zum Beispiel wegen Sake-Schnapsgenuss Kopfschmerztabletten benötigte. Er sprach als Einziger gutes Englisch, das ich verstehen konnte, da man ihn als Austausch-Praktikanten zur *Zürich*-Versicherung in die Schweiz geschickt hatte. Er lächelte Tag und Nacht und es gelang mir in zwei Monaten nicht, ihm eine Verärgerung anzusehen.

Da das Bausparen in Japan unbekannt war, hielt ich für die Direktion eine Vortragsreihe über das Bausparen. Ich hatte den Sportwagen gegen einen Anteil an einem kleinen Bauernhaus im Jostal getauscht, war also Bausparer und gab meine Erfahrungen mit meinen fünfundzwanzig Jahren in Schwarzwald-Englisch direkt weiter.

Die Betreuung war sagenhaft. Wenn ich eine Fabrik besuchen wollte, die *Asahi* besaß, hatte ich außer einer Limousine mit Chauffeur weitere Betreuer zur Verfügung. Wir wurden tatsächlich empfangen wie Staatsgäste, da es in Japan 1965 kaum Europäer oder Amerikaner gab. Allmählich aber nervte mich die ständige Betreuung wie in einem Kindergarten. Ich schlug der Geschäftsleitung vor, für eine Woche a l l e i n nach Hokaido reisen zu wollen. Das war allerdings ein abenteuerliches Projekt. Man musste jeden Sitz im Bus oder der Bahn sowie das Hotel vierzehn Tage vorher buchen. Wenn ein Anschluss nicht funktionierte, gab es eine Pause von vierzehn Tagen. Die Geschäftsleitung berief eine Krisensitzung ein. Weil sie mein Vorhaben auf keinen Fall ausschlagen wollte, gab es einen Rundbrief an sämtliche *Asahi*-Vertretungen auf der Strecke.

Ebenfalls abenteuerlich war meine Besteigung des Mount Fuji, die ich solo unternahm. Der Aufstieg im Lavasand war mühsam, der Abstieg umso amüsanter, da ich mit jedem Schritt einen Meter bergab rutschte. Auf halber Höhe gab es eine Hütte zum Übernachten. Es war ziemlich kalt. Alle saßen um einen niedrigen Tisch mit der Tischdecke über den Beinen. Unter dem Tisch wärmte eine Schale mit glühender Kohle.

Asahi hatte den großen Vorteil, dass ich einerseits perfektes Marketing kennen lernen konnte, und dass die Firma andererseits viel Geld in Unternehmen investierte, die ich mit meinem Betreuerteam und Chauffeur besuchen konnte. Es ist leicht verständlich, dass diese Praktika für das spätere Berufsleben wesentlich wichtiger waren als manches Seminar in der Freiburger Uni.

Mit meinem Vordiplom in Physik entschied ich mich für mathematische Wirtschaftswissenschaften, also Ökonometrie. In Freiburg war dieses Fach durch einen jungen Professor vertreten, der mit seiner Frau Marianne, die Ökonomie studiert hatte, aus Wien kam. Ich erhielt von Professor Erich Streißler für die Diplomarbeit ein Thema über Produktionsfunktionen, das mir auf den Leib geschnitten war. Für die Arbeit bekam ich die Note ›Eins‹ und gleichzeitig das Angebot, als sein Assistent nach Wien mitzukommen. Ich nahm sofort an. Die Bezahlung an der Universität war allerdings so schlecht, dass ich mir davon nicht einmal ein Auto hätte leisten können. Also beschaffte mir Erich Streißler einen zweiten Job am renommierten *Ford-Institut* beim Westbahnhof, das in Dollar bezahlte.

Die Zeit in Wien war traumhaft: Uni-Ball im Smoking wechselte sich ab mit Segeln auf dem Neusiedler See, nachmittags Reiten und Abendessen in einer Heurigen-Wirtschaft. Wenn Professor Streißler keine Zeit hatte, durfte ich seine Frau in die Oper oder das Schauspielhaus begleiten. Es kam vor, dass er mit seinem Auto auf einen Kongress fuhr, ein wissenschaft-

liches Gespräch mit einem Kollegen führte, zum Bahnhof lief
und ohne Auto wieder in Wien ankam. Den Wagen musste ich
dann in Salzburg wieder abholen. Besonders amüsant waren
unsere Besuche bei Empfängen. Erich Streißler liebte Süßig-
keiten über alles, ich musste oft bis zu fünf Desserts holen, um
ihm Peinlichkeiten zu ersparen.

Berufseinstieg in Brüssel und Mali/Westafrika

Während der Promotion heiratete ich Anke Steffen. Wir zogen beide zurück nach Freiburg, sie aus Berlin und ich aus Wien. Ich wollte nicht in Wien, sondern in Freiburg mit einem Hochbegabten-Stipendium der *Konrad-Adenauer-Stiftung* die Promotion abschließen. Da Anke Volkswirtschaft in Freiburg studiert hatte, war sie an einem Institut für Entwicklungspolitik in Berlin tätig und hatte bereits ein Buch über Slum-Sanierung in Tansania geschrieben mit entsprechendem Afrika-Aufenthalt. Anke hatte also ein Jahr vor mir diplomiert, so dass ich ihre Skripten für die Prüfungsvorbereitung und bei der Promotion benutzen konnte; ebenso konnte sie beim Erstellen der Doktorarbeit einspringen, wenn ich einen Blackout hatte. Während der Zeit in Freiburg wurden wir zu einer Studentenexkursion mit Professor Dams nach Brüssel eingeladen. Beim Mittagessen lernten wir genau den Funktionär kennen, der unser Berufsleben wesentlich beeinflusste. Er sagte: »Wenn ihr für die EG nach Afrika wollt, müsst ihr euch jetzt bewerben, dann werdet ihr in einem Jahr zu einem Vorstellungsgespräch eingeladen.« Gesagt, getan, wir bewarben uns beide. Bereits zwei Monate nach der Bewerbung kam die Einladung zum Vorstellungsgespräch.

Wir konnten mit Mühe unsere Wohnung vom Bauverein in der Tullastraße bezahlen und mussten die Waschmaschine später liefern lassen, um die Flugtickets nach Brüssel zu finanzieren. Wir bestanden beide die schwierige Prüfung zum Anstellungsverhältnis. Traditionell entschieden wir, dass ich die Stelle annehmen sollte. Zu unserem größten Erstaunen sollte ich den Arbeitsplatz möglichst sofort antreten. Das war unmöglich, da ich zum Abschluss meiner Doktorarbeit ein weiteres Jahr benötigte, so dass wir schweren Herzens absagten.

Kaum war meine Promotion abgeschlossen, da meldete sich Brüssel erneut. Die gleiche Stelle sei wieder zu vergeben, ob wir Interesse hätten. Der Stelleninhaber musste nach Europa zurückkehren, seine Frau war nicht tropentauglich. Direkt nach Weihnachten reisten wir mit einem werkseigenen *VW-Käfer* nach Brüssel zur dreimonatigen Einarbeitung. Wir hatten die Adresse eines Engländers, der Anschriften leerstehender Wohnungen notiert hatte, die kurzfristig angemietet werden konnten. Wir trafen um ca. 22.^{00} Uhr bei ihm ein und fragten nach einem Angebot. Er sagte: »Indeed!«, und tatsächlich war in einem schmalen Haus direkt bei der EG ein Stockwerk über ihm eine günstige Drei-Zimmer-Wohnung freigeworden. Wir zogen noch in derselben Nacht ein. Am folgenden Samstag fand im Haus ein Fest statt, so dass wir auch in Brüssel unseren internationalen Freundeskreis hatten – alles Funktionäre der EG, die mir wichtige Tipps für den Berufseinstieg geben konnten. Unter den Experten für Afrika war ich eindeutig der Jüngste. Das Gehalt entsprach dem des Geschäftsführers eines mittelständischen Unternehmens – als Berufseinstieg nicht schlecht! Außerdem war es steuerfrei. Krankenkasse, Dienstvilla und Dienstwagen in Afrika waren ›included‹. Da Mali ohne Anschluss an das Meer den höchsten Härtezuschlag hatte, wurde das Grundgehalt mit dem Faktor 2,3 multipliziert und ausbezahlt. Wir hatten unser soeben erworbenes Berghäusle in Titisee in drei Monaten abbezahlt. Pro Jahr waren zwei Monate Europa-Aufenthalt einschließlich Business-Flug genehmigt, den wir beliebig ausdehnten via Teneriffa, Rom oder Madrid. Insofern hatte das Berghäusle für den zweimonatigen Europa-Urlaub einen hohen Stellenwert.

Meine Tätigkeit mit Dienstsitz in Bamako war äußerst vielseitig. Wir waren als Dreierteam direkt dem malesischen Planungsminister zugeordnet. Die Idee war folgende: Die früheren Kolonien wie Mali sollten als assoziierte Staaten in die EG (heute EU) integriert werden. Das war am einfachsten mit Cash möglich. Es gab also einen Entwicklungsfonds: FED (*Fonds européen de développement*). Selbstverständlich sollte den assoziierten Staaten kein Projekt von Brüssel aufs Auge gedrückt werden. Die Staaten sollten selbst attraktive Projekte vorschlagen, die in Brüssel und meistens auch bei der Weltbank geprüft und – wenn empfehlenswert – finanziert wurden. Das hieß, dass weiterentwickelte Staaten in der Lage waren, attraktive Projekte vorzustellen, die finanziert wurden. Arme Länder waren dazu nicht in der Lage und wurden immer ärmer. Also wurden wir drei als Expertenteam eingesetzt, um für Mali attraktive Projekte zu entwickeln, die dann auch tatsächlich finanziert wurden.

Es gab von Seiten Malis allerdings auch exotische Vorschläge: Eine Schmalspurbahn führte von Dakar/Senegal nach Bamako/Mali. Mali hatte nur noch zwei Lokomotiven; also wurde mit Senegal vereinbart, dass deren Züge für fünf Jahre nach Bamako durchfuhren, danach sollte es umgekehrt sein. Mali hatte auch nur noch zwei Lokomotiven, die aber durch einen Rangierfehler frontal zusammenstießen und nicht mehr fahrbereit waren. Wir sollten ein Tourismusprojekt entwickeln, so dass Brüssel und/oder die Weltbank zwei neue Lokomotiven finanzieren würden. Wir lehnten ab! Die Menschen in Mali waren der Meinung: »Nicht schlimm, es ist kurz vor Weihnachten. Die Franzosen schenken uns zur Weihnacht bestimmt zwei Lokomotiven«, – was auch geschah!

Schon damals war die Entwicklungshilfe fragwürdig. Bei den Bewohnern Malis hatte man den Eindruck, dass sie an der Entwicklung ihres Landes keinerlei Interesse hatten, solange die Amerikaner im entscheidenden Moment Weizen spendeten. Sicher ist das ›Kismet‹ der Mohammedaner keine gute Voraussetzung für das Puschen von Projekten.

Wir hatten das große Glück, ein Projekt zu initiieren, das noch heute – nach mehr als fünfunddreißig Jahren – nachhaltig ist.

Die Franzosen hatten als Kolonialherren seit 1870 den Wasser-
stand des Nigers erfasst. Bisher sah man unbeteiligt zu, wie das
Niger-Wasser in der Regenzeit via Timbuktu nutzlos in den Atlantik floss. Unsere Überlegung war folgende: Man sollte Däm-
me errichten, in denen das Wasser in der Regenzeit gesammelt
wird, um Reis anzubauen. Reis wächst jeweils einen Zentimeter
unter der Oberfläche des ansteigenden Wassers. Unser Agronom
ließ also Reis züchten, der genauso schnell wuchs, wie – gemäß
den französischen Statistiken – das Wasser stieg.

Unsere Feldarbeit begann per *Land-Rover-Pick-up* mit einem
Zusatztank von dreihundert Litern Benzin. Zur Dokumenta-
tion diente uns das ›famous‹ Betttuch, auf dem wir unsere Er-
kenntnisse festhielten. Die Frage war, wie lang muss der Damm
sein, damit zweitausend Bauern Arbeit und Reis hatten? Waren sie überhaupt bereit zu arbeiten? Wieviel? Was mussten wir
tun, um sie zu überzeugen?

Ich hatte meistens fünf bis sieben Afrikaner auf der Ladeflä-
che des Pick up. Bei jeder Flussüberquerung lief ein Afrikaner
voraus. Wenn das Wasser seinen Bauch erreichte, war alles in
Ordnung, wenn es ihm aber am Hals stand, musste ich die
Verlängerung für das Luftfilter montieren. Genauso war es im
Busch zu Fuß. Vor mir ging stets ein Afrikaner, der an einer
Halskette ein weißes Keramikstück trug, auf das mögliche
Schlangen spucken, da sie das Teil für das Weiße im menschli-
chen Auge halten.

Schlangen waren auch auf unserem Grundstück ein Problem,
da ich einen Swimmingpool bauen ließ, der Schlangen ›an-
zieht‹. Ich ließ deshalb einen großen Teil des Grundstücks
mit Natursteinplatten pflastern. Die EG-Nachfolger in diesem Dienstbungalow haben sich für meinen diesbezüglichen
Einsatz bedankt. Einmal ereignete sich ein besonders krasser
Fall: Bei einem Kollegen war eine Giftschlange hinter einem
Glasschrank mit Kristallgläsern verschwunden. Es gab nur

eine Möglichkeit: Mit Schrot wurde die Schlange erschossen.

Zurück zum Reisprojekt, das nach neuerer Planung und Berechnung einen Finanzierungsbedarf von dreißig Millionen Dollar haben würde. Zu unserer Freude wurde es sowohl von der EG als auch der Weltbank genehmigt und realisiert. Heute gibt es entlang des Nigers (vor allem im Staat Niger) zahlreiche ähnliche Projekte.

Nach zwei Jahren in Mali war es für mich sinnvoll, endgültig nach Europa zurückzukehren, um dort Karriere zu machen. Meine Alternative wäre gewesen, bis zum Alter von fünfundvierzig Jahren sehr viel Geld zu verdienen und danach ohne Hauspersonal und Chauffeur etc. im Schwarzwald Schnee zu schippen, was man von Afrika her nicht gewohnt war. Wir kehrten also rechtzeitig zurück in unser Haus im Schwarzwald, hatten eigentlich genug Reserven, um für eine Weile das Leben zu genießen, kauften eine Segeljolle, ließen die lang gewünschte Sauna ins Haus einbauen und wollten abwarten.

Das Schweizerhäusle im Jostal und das Berghäusle in Langenordnach

Freizeit und Lebensgenuss waren für mich stets ein wichtiges Thema. Dazu kamen ein ausgeprägter Freiheitsdrang und das Bedürfnis nach Unabhängigkeit. Beruflich bedeutete dies, dass ich entweder der Chef war oder rausflog. Ideal – aber damals noch nicht realisierbar – war die Selbständigkeit (zehn Jahre später mein eigentliches Erfolgserlebnis).

Da ich in der Tannenschmiede im Jostal aufgewachsen war, bedeutete für mich Lebensqualität, ein alleinstehendes Haus im Schwarzwald zu kaufen – möglichst im Jostal. Gesagt, getan. Mit dem USA-Verdienst erwarb ich zwar mit fünfundzwanzig Jahren einen Sportwagen, interessanter erschien mir aber, einen Hausanteil zu besitzen. Ich verkaufte also den Sportwagen und kaufte zusammen mit meiner Mutter das Schweizerhäusle im Jostal. Dieses Haus eines Holzfällers war damals absolut idyllisch. Es war vor siebzig Jahren vom Ortspolizisten erbaut worden und stand mitten in der Landschaft, etwa hundert Meter oberhalb der Landstraße und war im Winter nur zu Fuß zugänglich.

Während der Studentenzeit hatte ich zwar wenig Geld, dafür viel Zeit, um das Haus total zu renovieren. Anke war dabei eine große Hilfe. Ein Bad mit Dusche wurde eingebaut, neue Böden eingezogen. Als alles fertig war, hatten wir die Chance, ein Haus in Langenordnach zu kaufen, das keinen Wunsch unerfüllt ließ. Meine Mutter übernahm das Schweizerhäusle für sich allein; wir kauften 1970 das Berghäusle für dreißigtausend D-Mark (s. Abb. 3).

Das Grundstück hatte eine Fläche von dreitausendvierhundert Quadratmetern, pro Quadratmeter zahlten wir somit weniger als zehn D-Mark, das Gebäude mit zwölf Zimmern war in diesem Fall gratis, bedingt durch mehrere Gründe, die sich aus der Geschichte des Hauses ergaben.

Ursprünglich war das Haus, das dreihundert Meter von der Landstraße nur über einen Feldweg zugänglich war, als Leibgeding mit dem Giebel talwärts gebaut und gehörte zum Beringerhof, der direkt an der Landstraße liegt. Da es schwer zugänglich war und im Winter nur durch Tiefschnee erreicht werden konnte, war es lange Zeit unbewohnt und verfiel zur Ruine. In den dreißiger Jahren wurde der größte Hof im Tal am Wirtshaustisch verspielt. Die Familie mit zehn Kindern konnte den Hof vom neuen Besitzer pachten. Der Besitzer war aber nicht bereit, irgendetwas zu investieren, so dass eines Tages der Stall einstürzte und das Vieh zum Teil erdrosselt wurde. Das war das Ende des Hofes, der früher sogar über eine eigene Schmiede verfügt hatte. Die wohlhabende Gemeinde Langenordnach sprang ein und erbaute ein Rathaus mit mehreren Wohnungen für die zum Teil erwachsenen Kinder, von denen zunächst zwei bei der Gemeinde als Holzfäller angestellt wurden. Eine Tochter heiratete ein in den Beringerhof. Dadurch bestand für ihren Bruder, den ›Kleiser-Marti‹ (Martin) die Möglichkeit, nach dem Zweiten Weltkrieg das zerfallene Berghäusle als Pension auszubauen. Die Pension hatte sieben Doppelzimmer mit fließend kaltem Wasser, einem dreißig Quadratmeter großen Frühstückszimmer, einem sehr schönen Kaminzimmer, einem Badezimmer mit Holzbadeofen und einer ungewöhnlich großen Küche. Zudem gab es einen Stall für zwei Kühe und eine entsprechende Scheune im dritten Stockwerk.

Die Pension war ›wertlos‹ geworden, weil es zwischen dem Hof und dem ›Kleiser-Marti‹ unüberwindbare Schwierigkeiten gab, das Wegerecht nicht geklärt war und die Zufahrt vom Bauern nicht mehr erlaubt wurde. Der ›Kleiser-Marti‹ baute in Titisee mitten im Ort eine sehr schöne Pension. Das Berghäusle stand also leer und musste dringend verkauft werden – egal zu welchem Preis.

Ich hatte schon damals mein erstes Pferd namens ›Fanny‹, war jeden Sonntag mit dem Kaltblüter querfeldein unterwegs und entdeckte auch ohne Weg das Berghäusle. Die Kaufverhandlungen waren kompliziert, da der Hof ein Vorkaufsrecht hatte, das er eigentlich gern bei dem niedrigen Preis wahrgenommen hätte. Wir konnten dies jedoch verhindern, indem wir dem ›Kleiser-Marti‹ und seiner zwanzig Jahre jüngeren Frau ein lebenslängliches Wohnrecht für die Hälfte der nicht ausgebauten Scheune in das Grundbuch eintragen ließen. Damit war für ›den Hof‹ klar, dass er sicher nicht ein Haus kaufen würde, in dem sein größter Feind ein Wohnrecht wahrnehmen konnte.

Wir kauften das Berghäusle noch als Studenten, allerdings mit der Sicherheit des EG-Arbeitsvertrages. Das Haus musste sofort saniert werden. Ich engagierte einen Hamburger Zimmermann direkt nachdem ich die Promotion abgeschlossen hatte. Da ich der Handlanger des Zimmermanns war, sagte er beim Dachflicken: »Bitte noch einen Ziegel, Herr Doktor«, der erste Einsatz meines neuen Titels.

Unser Verhältnis zum Hof war hervorragend, so dass ich mir nach unserer Rückkehr ein Pferd zulegen konnte, das im Hof betreut wurde. Unter der Woche ging es mit dem Vieh, am Sonntag blieb Fanny im Stall bis ich sattelte. Querfeldeinreiten war die beste Art, um das Berufsleben zu vergessen. Ich musste mich derart darauf konzentrieren, nicht vom Pferd zu fallen, dass ich alles andere vergaß. Mein bester Reiterkamerad war Hubert, der Besitzer des stattlichen Hofes, der ebenfalls mit dem Berghäusle eine gemeinsame Grenze hatte. Oft waren wir beim Reiten zu Viert oder Fünft; überall wurde uns ein Schnaps angeboten oder wir grillten am Lagerfeuer. Einmal im Jahr feierte Lenzkirch die Pferdeweihe ›Eulogius‹; die Teilnahme war für uns ein Pflichtereignis mit hundertfünfzig weiteren Pferden.

Das für mich paradiesische Berghäusle wollte ich bei der Scheidung auf alle Fälle behalten. Erst als an Weihnachten 1989 mein Hund ›Strolch‹ von einem Jäger heimtückisch erschossen wurde, fasste ich den schweren Entschluss, es (für eine Million D-Mark) zu verkaufen. Auch wurde mir klar, dass mein Berufsleben im Vergleich zu den benachbarten Bauern zu unterschiedlich war. Sie konnten zum Teil nicht einmal Urlaub machen, während ich auf der ganzen Welt unterwegs war.

Abb. 1: Blick vom ›Arbeitsplatz‹ im Strandhaus bei Tanger/Marokko.
Hier entstand das Manuskript meiner Erinnerungen.

Abb. 2: Mein Vater Karl Schillinger (1900–1963)

Abb. 3: Das Berghäusle in Langenordnach/Schwarzwald

Abb. 4: Das Wohn- und Geschäftshaus in Freiburg,
Ecke Wall- und Schwabentorstraße

Abb. 5: Die Villa Fontana in Thalwil bei Zürich

Abb. 6: Symposium für mittelständische Unternehmer in Leipzig

Abb. 7: Als Moderator bei Managern aus Ost-
und Westdeutschland in Leipzig

Abb. 8: Das Chalet Gerardo in Amden-Arvenbüel/Schweiz

Abb. 9: Aussicht vom Chalet Gerardo

Abb. 10: Am Toten Meer

Abb. 11: In einer Oase in Marokko mit einheimischem Führer

Abb. 12: Das Haus am Strand bei Tanger/Marokko

Abb. 13: Blick vom Strandhaus bei Tanger/Marokko

Abb. 14: Heidi als ›Miss Saigon‹ in Vietnam

Berufstätigkeit in der Schweiz bei *Prognos* und *Roche*

Wir waren also aus Afrika zum Berghäusle zurückgekehrt. Wo sollte ich im Schwarzwald als promovierter Volkswirt mit Vordiplom in Physik eine Stelle finden? Lebensqualität hatte erste Priorität, d.h. der Arbeitsort musste mit Wochenend-Aufenthalten im Berghäusle kompatibel sein. Frankfurt a.M. schied z.B. aus.

Da wir wieder einmal nicht wussten, welche Arbeit für uns die richtige sei, wählten wir Unternehmensberatung, da wir somit viele Firmen kennen lernen würden, zu denen man gegebenenfalls abspringen konnte.

Wir hatten gehört, dass in Basel ein Europäisches Zentrum für Beratung mit dem Namen *Prognos AG* entstand. Ich glaubte, einen Studienkollegen zu kennen, der dort bereits arbeitete und rief ihn an, um ihn abends ins beste Hotel Basels *Drei Könige* direkt am Rhein einzuladen. Wir bemerkten schnell, dass wir uns an diesem Donnerstagabend zum ersten Mal sahen. Wir erzählten vom Afrika-Aufenthalt und baten ihn, uns über den Europäischen Arbeitsmarkt zu berichten. Beim Dessert sagten wir, dass uns an diesem Markt speziell die *Prognos AG* interessierte. Wir hätten dies eigentlich schon bei der Suppe sagen können, antwortete er und gab uns bereitwillig Auskunft. Wir beschlossen, dass wir freitags meinen Lebenslauf an die *Prognos* faxen sollten, so dass ich montags zum Vorstellungsgespräch in Basel war. Das Gespräch war aufwendig, da ich mich bei zwei Abteilungen, die interessiert waren bzw. bei allen akademischen Mitgliedern der Abteilungen vorstellen musste.

Das lag an der effektiv intelligenten Organisation der *Prognos*, die sich Dr. Peter Rogge, Gründer und unangefochtener Chef der *Prognos*, ausgedacht hatte. *Prognos* war wie eine große

Rechtsanwaltspraxis aufgebaut. Alle akademischen Mitarbeiter waren gleichberechtigte Partner und konnten sich durch Aktienerwerb am Unternehmen beteiligen. Pro Abteilung musste jeder bereit sein, mit jedem anderen ein Projektteam zu bilden. Die Gehälter der Abteilungsmitglieder wurden einmal pro Jahr gemeinsam festgelegt (was eine nicht unproblematische Zeit war). Jeder kannte also das Gehalt seiner KollegInnen. Wenn ein Projekt ›hereinkam‹, wurde ein Projektleiter gesucht, der entschied, welche Projektmitarbeiter er ›anwerben‹ wollte. Er hatte ein Budget, die Gehälter wurden mit einem Gemeinkostenfaktor multipliziert, so dass er genau ausrechnen konnte, wie viele Mitarbeiter das Projekt wie lange finanzieren konnte, ohne Verlust einzufahren. Ob das Projekt mit erheblichem Gewinn oder Verlust abgeschlossen wurde, war dann der entscheidende Faktor bei den Gehaltsverhandlungen.

Physisch spielte sich der Projektbeginn so ab, dass ein Projektraum bestimmt wurde. Jedes Teammitglied hatte einen fahrbaren Schreibtischkorpus, der nur in das entsprechende Büro gerollt werden musste.

An jenem Montag im Jahr 1970 konnte ich mich bei zwei Abteilungen vorstellen: Einerseits »Marktforschung und Marketingberatung«, andererseits »Stadt- und Regionalplanung«. Bei der Marktforschung war zu meiner größten Überraschung mein *AIESEC*-Vorgänger Frank Wiehler tätig. Ich nahm die Stelle bei der Marktforschung an und fuhr vier Tage, nachdem ich von der *Prognos* AG Genaueres gehört hatte, mit einem Arbeitsvertrag zurück nach Freiburg. Noch vor der Grenze kam mir die Idee, dass meine Frau Anke als Volkswirtin ebenfalls dort arbeiten könnte. Ich fuhr zurück zur *Prognos*, schlug dem Abteilungsleiter »Stadt- und Regionalplanung« meine Frau vor, wobei dieser sagte: »Selber nicht annehmen und dann die Frau vorschieben?« Jedenfalls trat Anke sechs Wochen später ebenfalls ihre Stelle bei *Prognos* an. Traditionell wollte sie natürlich nicht gleich als Projektleiter beginnen; für mich kam aber nichts anderes in Frage.

Prognos war derartig erfolgreich, dass ich bereits am Donnerstag danach im Flugzeug nach Stockholm saß. Der Erfolg ließ sich daran ermessen, dass *Prognos* bei meinem Arbeitsbeginn vierzig Mitarbeiter beschäftigte, bei meinem Ausscheiden nach drei Jahren waren es hundertzwanzig.

In Stockholm wurde ich am Flugplatz per *Cadillac* mit Chauffeur abgeholt; nach fünfzig Meilen begrüßte mich der Generaldirektor über das 1972 fast unbekannte Auto-Telefon persönlich und betonte, wie sehr er sich über den Besuch seines Schweizer (!) Beraters freuen würde. Nach weiteren hundert Meilen wehte am Fabriktor die Schweizer Fahne. Ich kam mir vor wie im Film! Die Marktforschungschefin des Unternehmens sprach sogar Deutsch, konnte jedoch zum Glück mein Schwarzwälderisch nicht von der Schweizer Mundart unterscheiden. Unangenehm war nur, dass ich noch keine Visitenkarten hatte und dass man mich nach *Prognos*-Kollegen fragte, die ich zwar montags beim Vorstellungsgespräch gesehen hatte, von denen ich aber so gut wie nichts wusste.

Für die Schweden schien jedoch das Wichtigste, dass sie mir in der Tundra am Ende der Welt mit viel Alkohol und Smörebröd einen angemessenen Empfang bereiten konnten. Das Projekt war für mich als Nationalökonom mit Physikvordiplom wie auf den Leib geschnitten. Ich arbeitete in einer der größten Schraubenfabriken (*Bulten*) der Welt, die sich ein beachtliches Know-how über Feinguss erarbeitet hatte. Meine Aufgabe war, zu identifizieren, wie groß und wie – nach Branchen strukturiert – der europäische Markt für Feinguss aussah und wo die Firma in Europa, das wenig bekannt war, ihre neue Fabrik mit welcher Kapazität errichten sollte.

Mein Co-Projektleiter war noch mit seinem vorangegangenen Projekt beschäftigt, so dass ich guten Mutes allein anfing.

Die Schweden kannten ihren eigenen Markt am besten. Also planten wir eine dreiwöchige Reise durch Schweden zu allen großen Metall-Firmen: *ASEA-Sinterguss* in *Allmänna Svensky Elektriska Aktiebolaget* (*ASEA*), später zu Percy Barnevik, Partner von *Brown, Boverri & Cie* (*BBC*) und *Asea Brown Boveri* (*ABB*). Die Schweden waren extrem gastfreundlich. Ich war jeden Abend von Geschäftsfreunden – oft zuhause – eingeladen und am Wochenende in einem Landhaus mit eigenem See.

Anke hatte ja noch sechs Wochen Zeit, mietete in Basel am Schützenhauspark eine kleine Wohnung und kümmerte sich um die Arbeits- und Aufenthaltsgenehmigungen. Diese zu erlangen, war eher unangenehm: Zum Nachweis, dass ich nicht lungenkrank war, wurde ich geröntgt!

Für die Schweden bereiste ich ganz Europa. Feinguss war absolut ›in‹, z.B. für die Schaufeln von Düsenaggregaten und Kraftwerken. Die Technik war einleuchtend: Man modelliert das Werkstück aus Wachs und fertigt aus Sand eine Gussform an. Sie wird erhitzt bis das Wachs schmilzt. In die leere Gussform gießt man Edelstahl, dessen Fabrikation die Schweden wegen der Schraubenherstellung bestens beherrschten. Die Fabrik wurde in Belgien errichtet und ich hatte mein erstes Projekt mit Erfolg beendet, bekam also bei der nächsten Runde eine Gehaltserhöhung! Das Gehalt war dennoch nur ein Teil dessen, was ich bei der EG verdient hatte. Wir kauften aus Sympathie für Schweden und meinen Auftrag in der Firma einen fabrikneuen *Volvo* – das erste ernsthafte Auto nach den *2 CVs* und den *VW-Käfern* zuvor.

Meinem obersten Chef, Peter Rogge, den ich als Autorität uneingeschränkt akzeptieren und verehren konnte, schlug ich vor, mit einem Bildungsurlaub das Physikstudium abzuschließen – nicht als Diplomphysiker, sondern als graduierter Physiker, ein Abschluss, den man seit kurzem in Freiburg machen konnte. Im Schwarzwald wurde das Berghäusle neu eingedeckt, meine

Schwiegermutter kochte für die Dachdecker. Ich überwachte abends die Dachdeckerarbeit und fuhr morgens in aller Herrgottsfrühe mit dem neuen Auto zum Physikalischen Institut nach Freiburg, parkte den Volvo etwas abseits, machte mein Physikpraktikum und aß wie vor Jahren als ›kleiner‹ Student in der Mensa. Nachdem ich an der Uni Basel noch einen EDV-Kurs absolviert hatte, händigte man mir in Freiburg die Urkunde zum graduierten Physiker aus. Auch Peter Rogge war stolz, den ersten Physiker in der *Prognos* begrüßen zu können.

Anke plante mittlerweile mit ihrer Freundin Heli das Konzept für die Universität in Bayreuth, die neu gebaut wurde. Es ging darum, dass eine Universität nicht nur Professoren und Studenten braucht, sondern auch Bäcker, Metzger etc., also eine umfassende Planung.

Wir waren soviel unterwegs, dass wir unseren ersten Urlaub bei der *Prognos* schlicht und einfach im Schwarzwald verbrachten, oft mit unserer Segeljolle ›Vaurien‹ auf dem Schluchsee. Außerdem wurde das Berghäusle einer Totalrenovation unterzogen. Die Maler arbeiteten wochenlang innen und außen; der Stall wurde in eine Garage verwandelt. Die Gartenarbeit erledigte Anke sehr erfolgreich selbst.

Für den Winter hatte ich bereits während der Afrika-Zeit einen *DKW-Munga*-Jeep der *Auto Union GmbH* bei der Bundeswehr ersteigert. Im Sommer besuchten wir wochenendweise alle Sommerski-Gebiete in Österreich. Im Zillertal fiel mir eine kleine Schneeraupe auf, die ich sofort erwerben wollte. Es war ein Gerät, das in Südtirol für die italienische Armee gebaut wurde. Die Raupe aus Aluminium war handlich und so leicht, dass man sie mit dem Fallschirm abwerfen konnte. Sie lief mit einem Fiat-500-Motor. Ich war begeistert. Noch am gleichen Wochenende kauften wir auf der Rückfahrt in Innsbruck bei der *Prinoth*-Vertretung eine gebrauchte, generalüberholte Raupe. Sie wurde von einem Techniker geliefert, der sie in Langenordnach fertig montierte. Er übernachtete dafür mehrfach in unserem Gästezimmer. Die Garantiebedingungen, die ich ausgehandelt hatte, waren so strikt, dass *Prinoth* kein Risiko eingehen wollte.

Die Raupe veranlasste meinen Reiterkollegen Hubert und mich, einen eigenen Skilift zu bauen. Das war nur möglich in einem Tal, wo jeder Hof etwa achtzig Hektar Land und Wald besitzt, – in der Schweiz also undenkbar. Später machten Hubert und ich mit viel Spaß Pläne, sogar ein eigenes Kleinkraftwerk für unsere benachbarten Gebäude zu bauen. Aber dieser bescheuerte Jäger, der meinen Hund ›Strolch‹ (einen Irish Setter), erschossen hatte, machte uns einen Strich durch die Rechnung. Es war ausgerechnet der ältere Bruder des ›Kleiser-Marti‹!

So sah also unsere – sehr geschätzte – Freizeit während der *Prognos*-Tätigkeit und danach aus. Ich verfasste bei *Prognos* eine derartige Menge von Gutachten, dass Hubert beim Auszug aus dem Berghäusle mit dem Pferdeanhänger kommen musste, um sie zu entsorgen.

Spektakulär war eine Studie, die ich noch allein für *Monsanto* erstellte. Es ging um Teflondichtungen für Stopfbuchsen in der chemischen Industrie. Das Problem bestand darin, eine rotierende Welle, z.B. bei einer Pumpe, abzudichten. Teflon von *Monsanto* war hierfür die ideale Lösung. Doch der Verkaufserfolg blieb aus, Dr. Schillinger sollte helfen. Der Mann meiner Cousine Gertraud, der bei *Ciba-Geigy* als Chemiker tätig war, gab mir den entscheidenden Hinweis. Er sagte: »Die preisen das Produkt an, als wäre es ein Wunder. Kein Chemiker glaubt an Wunder!« Außerdem entscheiden über die Stopfbuchsendichtungen nicht die Chemiker, sondern die Werkmeister, die genau wissen, was funktioniert – nämlich Teflon! Bei der Präsentation in Genf war ich der Größte. Ich hätte bei *Monsanto* jedes weitere Projekt akquirieren können; das war bei der jährlichen Gehaltsfindung bei *Prognos* das Entscheidende.

Zwei Mitarbeitern habe ich meinen Erfolg bei *Prognos* besonders zu verdanken: Peter Hofer und Achim Eitel. Peter Hofer und ich erstellten für den größten deutschen Besteckhersteller, der diversifizieren wollte, eine Studie über gedruckte Schaltungen. Für die Herstellung benötigt man Basismaterial, für das es in Europa nur wenige Hersteller gibt. Leider gab es in Europa zwei Gruppen, die sich bis ›aufs Messer‹ bekämpften: Die Deutschen und die übrigen Europäer. Mir kam die Idee, die beiden Gruppen durch eine Gemeinschaftsstudie (für mehrere hunderttausend Schweizer Franken) zu vereinen. Die Idee gelang!

In Augsburg überzeugte ich alle Deutschen. Danach gab es in der *Welse Kuche* ein mittelalterliches Mahl, das mit einem Kuhhorn voll Meet begann und nur mit den Fingern eingenommen werden konnte.

Die anderen Europäer überzeugte ich im Hotel *George V.* in Paris mit einem anschließenden Besuch im *Cracy Horse* auf dem Montmartre (der Striptease war Spitzenklasse). Die Basishersteller bezahlten fast jeden Preis, um endlich an einem Tisch bei der *Prognos* in Basel unter der Leitung von Dr. Gerhard Schillinger zu sitzen! Das Festessen gab es im Schloß Bottmingen. Peter Rogge war begeistert.

Für mich kam langsam die Zeit, an die Gründung eines eigenen Beratungsunternehmens zu denken. Ich wollte jedoch nichts überstürzen. Zunächst wurde ich Bereichsleiter bei der *Prognos* für Innovationsberatung und Technologietransfer. Mein Stellvertreter (besser: Partner) war Achim Eitel, damals noch Junggeselle mit *Porsche*. Er war Stuttgarter und hatte in Kanada Marketing studiert. Als er (wie ich) nach Europa zurückkehrte, wollte er (wie ich) zur *Prognos*. Rogge, aus Bremen stammend, verbrachte wie immer den Sommerurlaub auf Sylt. Somit war es am einfachsten, dass Achim das Vorstellungsgespräch am FKK-Strand in Sylt absolvierte, was auch geschah. Achim ist zweifellos mein bester Freund in der Schweiz. Wir haben seit

1974 unser Berufsleben gemeinsam verbracht. Wir haben uns so gut ergänzt, dass es niemals eine Auseinandersetzung oder auch nur eine Meinungsverschiedenheit gab. Achim ist der ruhige besonnene Analytiker; ich der eher unruhige Akquisiteur und ›Macher‹.

Das Problem bei Achim zu *Prognos*-Zeiten war, dass er Skilehrer ist und bei entsprechender Witterung auch montags in den Bergen blieb, dito montags im Sommer beim Surfen und Segeln. Es war meinem Team schwer zu vermitteln, dass ausgerechnet meine Stellvertretung sich bei entsprechendem Wetter an keine Regel hielt. Allerdings wussten alle, dass er in der Endphase selbst bei Traumwetter stets Tag und Nacht arbeitete. Auf ihrer Abiturreise in die Alpen entdeckte Katrin den Achim mit seinem Porsche. Ihr gelang es, per Autostop in den *Porsche* zu steigen – daraus wurde eine langfristige Kontaktnahme mit zwei gemeinsamen Kindern!

In der Anfangsphase begleitete uns Katrin nach ihrem Abitur auf allen Dienstreisen. Wir hatten viele Aha-Erlebnisse. Achim und ich bearbeiteten ein gemeinsames Projekt für die *SIG* (*Schweizerische Industrie Gesellschaft* in Neuhausen). Die Firma verdiente viel Geld mit Staatsaufträgen wie dem Sturmgewehr und wollte diversifizieren. Ein Schweizer Ingenieur hatte einen Mobilkran entwickelt und eine moderne Fabrik an der Schweizer Grenze in Deutschland gebaut. Dann ging ihm das Geld aus und er verkaufte alles an die *SIG*, die mit dem Marketing überfordert war. (Es war tragisch: Der zuständige Direktor nahm sich das Leben).

Achim und ich hatten die Aufgabe, ein Gutachten zu erstellen. Nachdem wir quasi Fachleute für Mobilkräne geworden waren, wagten wir mit Herrn Liebherr senior, der die weltweite Firma gleichen Namens aufgebaut hatte, ein Fachgespräch zu führen. Zu unserem großen Erstaunen sagte er nur, er habe sich bisher nicht getraut, in den Markt für Mobilkräne einzusteigen: man könne unmöglich mit nur einem Mobilkran beginnen, sondern benötige eine Palette, was dreistellige Millioneninvestitionen erfordere. Wir erkannten schnell, dass der *SIG*-Mobilkran viel zu perfekt und damit unbezahlbar war. *SIG* lieferte z.B. ein Gerät nach Afrika, ausgestattet mit einer Batterie-Heizung, damit es im Winter mit Sicherheit anspringen würde.

Auf unseren Reisen war Katrin stets dabei. In Norddeutschland benutzten wir gar ihren uralten *VW-Käfer*. In England wollten wir die größte Fabrik für Mobilkräne besuchen, fanden sie aber partout nicht. Offensichtlich waren wir nicht rechtzeitig abgebogen. Aber wo? Auf der Fahrt hatten wir neben der Straße einen interessanten Mobilkran gesehen, dem unsere volle Aufmerksamkeit gegolten hatte. Ich sagte zu Katrin und Achim: »Genau dort hätten wir abbiegen müssen.« – Es war so!

Die *Prognos*-Zeit war für mich mehrfach wertvoll. Vor allem wegen Peter Rogge, der mir in meinem gesamten Berufsleben in schwierigen Situationen wertvolle Ratschläge gegeben hatte. Vorwiegend wegen Rogge hatte die Prognos einen so phantastischen Namen, dass man überall mit Respekt empfangen wurde. Außerdem war der Abgang bei *Prognos* niemals mit feindseligen Folgen verbunden.

Mir war klar geworden, dass ich mein eigenes Beratungsunternehmen in Zürich gründen wollte. Allerdings musste ich warten, bis ich zehn Jahre in der Schweiz gelebt und gearbeitet hatte. Das war kein Nachteil, da ich noch Managementerfahrung sammeln wollte, die ich mit meinen fünf (homogenen) Akademikern – hauptsächlich Wirtschaftsingenieuren – nur bedingt hatte. Da ich letztlich deutsche Vorstände beraten wollte, sollte mein Alter mindestens ca. vierzig Jahre sein.

Das Glück wollte es, dass Branco Weis, der die Firma *Kontron* bravourös aufgebaut hatte, einen Assistenten fürs internationale Geschäft suchte und in mir fand! Bereits nach sechs Wochen musste er den Geschäftsführer »Medizintechnik Schweiz« entlassen und sah in mir den richtigen Nachfolger. Mit fünfunddreißig Jahren war ich nun ein Chef, wie ich es mir immer vorgestellt hatte: Ein *BMW*-Geschäftswagen (mit Anhängerkupplung für die Segeljolle), gelegentlich mit Chauffeur, wenn ich mit Jetlag aus den Vereinigten Staaten zurückkam. Wir kauften sofort eine Eigentumswohnung am Uetliberg, so dass oft auf meinem Firmenparkplatz das Velo stand, was damals ziemlich ungewöhnlich war. Das Beste war allerdings Branco Weis, eine Führungspersönlichkeit, Peter Rogge ebenbürtig. Beide haben sich auf gemeinsamen Wunsch durch mich in unserem Berghäusle im Schwarzwald kennen gelernt. Unser Haus im Schwarzwald hatte jetzt grundsätzlich eine neue Funktion und wir waren froh über die bis zu dreißig Quadratmeter großen Räume. Man konnte durchaus dreißig bis sechzig Personen via *Catering* von den großen Hotels in Titisee bewirten lassen. Die Mahlzeiten kamen per Transporter mit einem Koch und Bedienungen in Schwarzwälder Tracht. In großen Styropor-Boxen wurde z.B. der Rehrücken transportiert.

Zwecks Kundenpflege lud ich dreißig Chefärzte aus der Schweiz ein, die mit Limousinen (und Bergschuhen) in den Schwarzwald gefahren wurden. Auf der Wanderung wusste jeder Verkaufsingenieur, wen er zu betreuen hatte. Pro Wanderung erzielten wir oft einen Umsatz von mehr als einer Million Schweizer Franken. Branco Weis war so begeistert, dass er als oberster Chef des internationalen Unternehmens die für sein Gewicht verständliche Qual einer Wanderung mit steilem Aufstieg zum Kaffee in Hochberg auf sich nahm.

Schon bald wurde ich Chef von zwei weiteren *Kontron*-Firmen und hatte nun hundertzwanzig Mitarbeiter. Kurz nachdem ich einen jungen Geschäftsführers eingestellt hatte, wurde dieser am zweiten Arbeitstag verhaftet. Wir hatten amerikanische Geräte verkauft und versäumt, das in den Vereinigten Staaten übliche grüne Nullleiter-Kabel durch das in der Schweiz von der *SEV* strikt vorgeschriebene rote zu ersetzen. Wenn ich ihn nicht eingestellt hätte, wäre ich verhaftet worden.

Die Kabel waren öfters Thema von Geschäftsleitungssitzungen: Natürlich arbeiteten wir mit *IBM* zusammen, wobei es zwangsläufig Schnittstellenprobleme gab, die oft leicht zu lösen waren, da *IBM* grundsätzlich graue Kabel einsetzte.

Eine besonders schöne Freiburger Anekdote erlebte ich ebenfalls während der *Kontron*-Zeit. Unser größter Konkurrent beim Bau von Intensivstationen war *Hellige* in Freiburg. Franz Morath aus Eisenbach hatte das Unternehmen zusammen mit dem Fürst zu Fürstenberg gegründet. Wenn ich in Freiburg war, lud ich meine Mutter traditionell in den *Roten Bären* zum Essen ein. Ich bin dort noch heute Stammgast. Franz Morath saß mit seinem Treuhänder (Hecht) am Nachbartisch und besprach streng vertrauliche Themen von Hellige. Ich nahm eine Visitenkarte und stellte mich vor als Chef der *Kontron-Medizintechnik*. Herr Hecht erkannte mich, denn Bärle Hecht war vor zwanzig Jahren mit mir in der Tanzschule Büttner gewesen. Franz Morath lud mich sofort ein in sein herrschaftliches Anwesen in Genf. Mit Vergnügen nahm ich die Einladung an. Den Wein gab es dort aus goldenen Bechern. Umgekehrt kam er mit seinem *Mercedes*-Sportwagen zu jedem Fest ins Berghäusle und unterhielt sich besonders gern bis früh am Morgen mit den Bauern. Meistens frühstückte er dann bei meinem Reiterfreund Hubert im Hilpertenhof.

Nach einigen Jahren sollte die *Kontron*-Zeit zu Ende gehen. Roche hatte mit Valium viele Millionen verdient und wollte in die Medizintechnik diversifizieren, indem sie *Kontron* erwarb. Ich passte zum Großkonzern *Roche* wie die Faust aufs Auge, durfte jedoch mit weniger als zehn Jahren in der Schweiz noch nicht die *Teamplan AG* gründen und vor allem nicht betreiben. Also suchte ich mir große Mandate, z.B. Delegierter des CH-

Verwaltungsrats von *Merck*, Darmstadt, und wurde als ›Genug-
tuung‹ für die Fremdenpolizei Vizedirektor und Planungschef
der *SIG* in Neuhausen am Rheinfall.

Gründung der *Teamplan AG* in Zürich

Die Firmengründung verlief wesentlich dramatischer als ich geplant hatte. Bei der *SIG* waren wir drei Vizedirektoren, die jeden Tag von Zürich nach Neuhausen fuhren: der Rechtskonsulent der *SIG*, der Marketingchef für Verpackungsmaschinen und ich als Planungschef. Reiten war unser gemeinsames Hobby. Der Marketingchef war ein welterfahrener Mann, der nebenbei noch an einer Model-Agentur beteiligt war, die Büros in Zürich und New York unterhielt. Er besaß auch ein *Boesch-Mahagoni-Motorboot*, das im Hafen von Thalwil lag.

Ich befand mich mitten in der Scheidung und war für jede Abwechslung dankbar. Wir waren jeden Abend mit den gerade im Einsatz befindlichen Models zum Wasserskifahren auf dem Zürichsee. Tagsüber trafen wir drei uns jeweils zum Mittagessen mit zwei weiteren Kollegen in einem schön gelegenen Restaurant am Rhein. Dazu kamen gemeinsame Unternehmungen, z.B. fuhren wir mit dem Stocherkahn auf dem Rhein nach Büsingen (der deutschen Enklave) oder wir ritten aus. Durch unseren Informationsaustausch hatten wir die *SIG* ›voll im Griff‹.

Ich glaubte deshalb, dass ich meinen Einsatz bei der *SIG* langsam reduzieren könnte, um meine Selbständigkeit ohne großes Risiko vorzubereiten. Darin hatte ich mich allerdings gründlich getäuscht.

Leider war ich nicht direkt dem Direktionspräsidenten, sondern dem etwas schwierigen Finanzchef zugeordnet. Als ich endlich zehn Jahre in der Schweiz gearbeitet hatte und die *Teamplan AG* gründen konnte, wollte ich beim Finanzchef meine Arbeitszeit bei der *SIG* um einen Tag pro Woche reduzieren. Er lehnte ab. Ich war schockiert, ging gegenüber ins Büro des Präsidenten und wollte pro Woche zwei Tage weniger arbeiten. Er sagte, dass die Firma froh sei, dass ich ihr als Planungschef erhalten bliebe und stimmte wohlwollend zu. Zwei Stunden später kam der Finanzchef mit hochrotem Kopf in mein Büro und beförderte mich physisch aus dem Direktionsgebäude, so dass ich nicht einmal meinen Schreibtisch räumen konnte. Mein Schock war so groß, dass ich mich sofort krankschreiben ließ und somit unkündbar war. Da mich ein renommierter Anwalt aus Schaffhausen vertrat, bekam ich anstandslos für ein halbes Jahr das volle Gehalt und konnte in aller Ruhe die Teamplan gründen und das wichtigste Akquisitionsvorhaben planen und durchführen.

Der Name *Teamplan AG* war mir beim Helikopter-Skifahren in Kanada eingefallen. Ich hatte als *One-Man-Show* zwar kein Team, moderierte die »Strategische Planung« aber stets so, dass sie im Team der Auftraggeber umgesetzt wurde. Der Name war so gut, dass viele direkt nach der Gründung behaupteten, sie würden das Beratungsunternehmen bereits seit Jahren kennen.

Mein Freund, der Rechtskonsulent der *SIG* traf alle Vorbereitungen zur Gründung der *Teamplan AG*. Der Geschäftsleiter der Bankverein-Filiale in Neuhausen, Jakob Vögeli, schrieb die Statuten eigenhändig auf der Schreibmaschine und emittierte die Aktien: Ich hatte eine Pflichtaktie, die restlichen blieben beim Bankverein. Das Aktienkapital von fünfzigtausend Schweizer Franken wurde durch eine Sacheinlage erbracht: Es waren meine *BMW*-Limousine sowie mein *Mercedes Jeep G280* im Wert von zusammen hundertfünfzigtausend Schweizer Franken

Nun hatte ich – voll bezahlt von der *SIG* – jedoch arbeitslos, genügend Zeit für das Konzept und Marketing der *Teamplan AG*. Ich wollte ein Symposium für Unternehmer veranstalten über die praktische Umsetzung der »Strategischen Planung« im Audimax der ETH Zürich und führte es auch durch.

Die Vorbereitungen wurden nur durch eine hochinteressante Burma- und China-Reise unterbrochen. Die Reise führte zunächst nach Bangkok, wo wir im *Oriental-Hotel* wegen eines Flugzeugausfalls logierten. In Burma durfte man sich als Europäer nur maximal fünf Tage aufhalten. Wir benutzten eine historische *DC 3* für die Inlandsreise von und nach Rangun. Die Landung in Hongkong war damals wie heute immer abenteuerlich. Von dort fuhren wir mit dem Zug (seinerzeit noch über die rotchinesische Grenze) nach Kanton. In China konnten wir als Wirtschaftsdelegation Firmen besuchen und diese vorher selbst aussuchen: eine Lokomotivenfabrik, Textilfirmen etc. Es gab jeweils ein Gespräch mit den Geschäftsleitungen, die im Allgemeinen nur aus Ingenieuren bestanden. Eine Buchhaltung arbeitete in keiner der von uns besuchten Fabriken, alles wurde zentral verwaltet und abgerechnet. Wir fragten z.B., wie die vielen Preise für Exporte kalkuliert werden, wenn es keine Kostenerfassung gab? Man antwortete uns ohne Zögern: durch Marktforschung auf internationalen Messen.

Das chinesische Essen war ein wesentlicher Bestandteil der Reise. Oft wurde ›Peking-Ente‹ in dreizehn verschiedenen Varianten angeboten. Im Zug bestand unser privater Speisewagen zur Hälfte aus der Küche, die andere Hälfte war Restaurant. Der Rückflug von Peking war ein weiteres Aha-Erlebnis. Die Chinesen verlangten, dass wir außer den Inlandsflügen mindestens einen Langstrecken-Flug mit ihrer Airline absolvierten. Es war der von Peking nach Frankfurt a.M. in einer *Iljuschin* mit Militärsitzen (mit grauem Plastik überzogen, steinhart) und einer Zwischenlandung in Teheran, wo seit kurzem der Ajatollah Khomeini regierte, und Rumänien, wo ebenfalls eine Diktatur herrschte.

Das Symposium in der ETH wurde ein großer Erfolg: In der *Handelszeitung* erschien ein ganzseitiger Artikel, den Stephan Schmidheiny las, und sofort seinen Planungschef, Dr. Raymond Wicki, beauftragte, mir die Gesamtplanung der Gipsgruppe anzuvertrauen. Raymond war später jahrelang Verwaltungsratspräsident der *Teamplan AG*. Ich verzichtete auf dieses ehrenvolle Amt, obwohl ich nichts zu verbergen hatte, da mittlerweile in jedem deutschen Finanzamt das Verzeichnis der Schweizer Verwaltungsräte verfügbar war.

Nach dem Rausschmiss bei der *SIG* hätte ich keine bessere Referenz für den Start haben können. Es war ein spannender Auftrag, der vor allem auch das deutsche Rigips-Werk in Hammeln am Ende der Welt einschloss. Als wir wieder einmal gestrandet waren, bot mir Stephan Schmidheiny an, seinen Firmenjet zu schicken.

Erstaunlicherweise wollten mich in Deutschland auch Firmen engagieren, die vom Symposium nur gehört hatten ohne selbst teilgenommen zu haben wie Herr Dorfner aus Hirschau/Oberpfalz, das ebenfalls am Ende der Welt liegt, aber von Nürnberg und Hammeln mit dem Firmenchauffeur erreicht werden konnte. Herr Dorfner sagte mir am Telefon, er sei Besitzer eines Kaolin-Werkes und wolle mich kennen lernen, ich solle vorbeikommen. Ich wusste nicht, was Kaolin ist – heute bin ich Experte. Bevor ich die lange Reise in Erwägung zog, wollte ich mehr über die Firma Dorfner wissen. Ich rief den Pförtner an und fragte, wie viele Leute im Betrieb arbeiten würden. Er sagte: »Zweihundertachtzig«; ich fragte, wie viele davon haben eine Schaufel in der Hand; er sagte: »Zweihundertvierzig«! Ich war skeptisch und schlug Herrn Dorfner einen ›Kuhhandel‹ vor: Ich wollte einen reduzierten Tagessatz von tausendzweihundert Schweizer Franken die Bezahlung der Flugkosten, Übernachtung in einem bayerischen Landgasthof und garantierte ihm, dass wir bereits nach einem Tag eine *Tour d'Horizon* haben würden, von der er und seine Geschäftsleitung begeistert sein würden. Zum Mittagessen war ich bei Dorfner eingeladen in sein Haus mit dreihundert Quadratmetern Wohnfläche und einem drei Hektar großen See zum Surfen. Seine Jacht lag auf dem Chiemsee, die er von einer Zweitwohnung in München aus besegelte. Seine Frau war Erbin einer Stahlhandelsfirma, dort konnte man meine Beratung ebenfalls brauchen. Die benachbarte Firma war ein großes Fertigbetonwerk für Eisenbahnschwellen und gehörte einer Frau; ihr Mann besaß ein Motoreninstandsetzungswerk und wurde ebenfalls mein Mandant, womit das Ende der Welt wesentlich attraktiver wurde. Zeitweilig sind wir sogar auf dem ›Monte Caolino‹ im Hochsommer Ski gefahren.

Kaolin ist ein Füllstoff für die Papier-, Keramik- und Glasindustrie. Daneben gab es im Kaolin-Werk auch Silikonsand ebenfalls für die Glasindustrie. Der Planungsauftrag hatte ›gigantische‹ Zeithorizonte: In jeder Generation sollte nur soviel abgebaut werden, wie man an Vorkommen dazu erwerben konnte. Ohne es zu wissen, hatte der Großvater meines Mandanten das Aufbereitungswerk ausgerechnet auf der attraktivsten Abbaufläche errichtet. Alle Gebäude mussten so gebaut werden, dass sie in ca. zwanzig Jahren von allein verschwinden würden.

Das Symposium in der ETH besuchten hundertfünfzig Unternehmer. Ich wusste nicht, wo ich mit der Akquisition anfangen sollte und beschloss, diejenigen zu kontaktieren, die sich zwar mit Interesse angemeldet hatten, jedoch nicht erschienen waren trotz beträchtlicher Bezahlung.

Gleich der erste Kontakt war ein Volltreffer: Es war Herr Schäublin, stellvertretender Chef des Telekommunikationunternehmens *Gfeller AG* in Bümpliz bei Bern. Die Geschäftsleitung war ein exzellentes Team für die ›strategische Planung‹. Unser gemeinsamer Erfolg führte dazu, dass ich fünfzehn Jahre lang die gesamte Schweizer Telekommunikationsindustrie exklusiv und gegen jede Konkurrenz beraten konnte. Während und nach der Planung bei *Gfeller AG* kam *Autophon*, dann die gesamte Planung des *Hasler*-Konzerns und schließlich die Gründung und Betreuung der *Ascom*.

Mittlerweile konnte ich daran denken, eine umfassende Altersversorgung zu organisieren. Die staatliche Rente in der
Schweiz bietet im Alter allenfalls ein Zusatzeinkommen. Man
muss deshalb eine privat gestaltete Pensionskasse aufbauen. Ich
war überzeugt, dass ich das wesentlich besser konnte als die
üblichen Pensionsversicherungen. Grundsätzlich kam für mich
nur die Investition in Immobilien in Frage. Sinnvoll schien
mir ein Geschäftshaus mit einer Risikoverteilung zwischen ge-
werblicher Vermietung und Mietwohnungen. Da ich als stu-
dentischer Taxifahrer Freiburg i.Br. am besten kannte, wollte
ich dort ein Geschäftshaus erwerben. Am Schwabentor, wo
ich aufgewachsen war, konnte ich das Eckhaus Schwabentor-
ring/Wallstraße kaufen, ein Jugendstilhaus: im Erdgeschoss ursprünglich vier Läden, im ersten Obergeschoss eine gewerblich
genutzte Etage, darüber zwei Sechs-Zimmer-Wohnungen mit
je hundertsechzig Quadratmetern. Ich konnte das Haus von
einem Bauunternehmer und einem Rechtsanwalt, der sich ein
Schloss am Kaiserstuhl zulegen wollte, für etwas mehr als eine
Million deutsche Mark günstig übernehmen. Der Laden im
Erdgeschoss war mit einem Zehn-Jahresvertrag an einen per-
sischen Teppichhändler vermietet. Das erste Obergeschoss mit
hundertsechzig Quadratmetern Bürofläche konnte ich selbst
an eine Versicherungsagentur vermieten; das zweite Obergeschoss musste vollkommen saniert werden und das dritte
Obergeschoss war als Wohnung an die *Caritas* vermietet. Mein
Architekt war wie immer Herbert Dörr, der in Freiburg u.a. die
pädagogische Hochschule und eine Autobahnraststätte gebaut
hatte. Am Geschäftshaus mussten für rund hunderttausend D-
Mark Sanierungs- und Erweiterungsarbeiten durchgeführt
werden, das alles in den sechs Wochen, in denen ich für einen
meiner wichtigsten Mandanten in den Vereinigten Staaten tätig war. Als ich Herbert seine sechswöchige Aufgabe beschrieb,
sagte er mir: »Du hast ja einen Vogel!« Ich antwortete: »Du
hast mit Recht immer behauptet, Du seiest ein guter Architekt.
Jetzt kannst du das beweisen.« Als ich aus den Vereinigten Staa-

ten via eine Woche Jamaica (Montego Bay) zurückkehrte, war alles fertig, die neuen Mieter eingezogen, und das Haus hatte eine Rendite von 9,5 %.

Ich fragte Herbert: »Wie hast du diese hohe Anforderung bewältigt?« Er antwortete: »Als mein Freund, der Stadtbaudirektor für den Ausbau des Hofes als Parkplätze eine Baugenehmigung verlangte, habe ich ihm gesagt: »Du hast ja einen Vogel!«, und der Fall war erledigt (s. Abb. 4).

Zum damaligen Zeitpunkt bewarb sich mein Studienkollege Rolf Böhme, Staatssekretär im Bundesfinanzministerium, um den Posten des Oberbürgermeisters von Freiburg. Als Wahlkampfmaßnahme veranstalteten er und seine Frau Magret Fahrradtouren, an denen ich selbstverständlich teilnahm. Außerdem waren unsere Häuser im Schwarzwald nicht weit voneinander entfernt, so dass wir einen guten Kontakt hatten. Aufgrund einer entscheidenden Wahlkampfrede von Helmut Schmidt wurde er tatsächlich mit knapper Mehrheit Oberbürgermeister.

Leider wurden die Probleme, die mein Vetter mit der Druckerei und dem *Verlag Karl Schillinge*r hatte, immer zahlreicher. Meiner Mutter wurde zwar regelmäßig ein Betrag für den Lebensunterhalt ausbezahlt, aber da die Firma angeblich nie Gewinn erwirtschaftete, wies ihr Verrechnungskonto ein Minus von rund dreihunderttausend D-Mark aus. Es war offensichtlich, dass es so nicht weitergehen konnte. Ohne mich zu informieren, beauftragte meine Mutter einen der sehr bekannten Freiburger Rechtsanwälte, die auf die Beratung wohlhabender Witwen spezialisiert waren. Nach seiner Meinung sollten wir unsere Anteile an der Betriebs-KG aufgeben und die Grundstücksgesellschaft, die meinem Onkel und meiner Mutter allein gehörte, sollte an meine Mutter eine lebenslängliche Rente zahlen.

Ich wollte natürlich das väterliche Erbe nicht vollständig aufgeben. Also blieben mein Vetter und ich Gesellschafter in der KG, wobei ich jedoch meinen Kommanditistenanteil, der angeblich zugunsten meiner Mutter ›verbraucht‹ war, in bar einzahlen musste. Meine Schwester wollte dies nicht tun und schied aus. Die Leibrente für meine Mutter wurde vom Amtsgericht Freiburg verwaltet und von der Sparkasse monatlich ausbezahlt. Als meine Mutter die statistische Lebenserwartung ›überschritt‹ und keine Leibrente mehr bezahlt wurde, mussten wir die hohen Kosten für das Pflegeheim anderweitig aufbringen, bis zu unserem Glück in Deutschland die Pflegeversicherung eingeführt wurde.

Ich wurde mit meinem Anteil an Druckerei und Verlag nicht glücklich, da mein Vetter immer stärker mit der Geschäftsführung überfordert war und mir als ›stiller Gesellschafter‹ keinerlei Chance gab zu helfen, obwohl ich als renommierter Unternehmensberater mittlerweile große Druckereien und Verlagshäuser in der Schweiz und Deutschland beraten hatte. Der oberste Chef der *Volksbank* und der Chef der *Dresdner Bank* versicherten mir persönlich, dass die Situation wirklich fatal war. Schließlich suchte ich bei Dr. Fritz Hodeige Rat, der den *Badischen Verlag* und die *Druckerei Rombach* managte. In seinem Ferienhaus in Falkau, das vom Berghäusle in Langenordnach leicht erreichbar war, diskutierten wir Modelle zur Kooperation. Mein Vetter lehnte alles ab. Schließlich wollte ich selbst den Verlag übernehmen, um das väterliche Erbe zu erhalten. Ich engagierte den verlagserfahrenen Industriekaufmann Bernd Rolfes, der noch heute (nach fünfundzwanzig Jahren) immer wieder für mich tätig ist.

Alle Bemühungen mit meinem Vetter scheiterten. Also gründete ich den *gerhard schillinger verlag*. Das erste Buch, das ich selbst herausgab, hatte persönlichen Bezug. Der ehemalige Bürgermeister, Land- und Gastwirt Anton Straub (1865–1955) von Langenordnach, hatte während und nach dem Zweiten

Weltkrieg Tagebuch geführt, das mir zur gelegentlichen Veröffentlichung überlassen wurde. Es erschien 1984 unter dem Titel *Geschichten eines alten Schwarzwaldbauern.*

Mittlerweile war Bernd Rolfes auch Geschäftsleiter meines Beratungsunternehmens in Deutschland und widmete sich neben der Verlagsarbeit der Personalsuche und -beratung, die (zusammen mit einem renommierten Arzt aus Neustadt) ein weiteres sehr erfolgreiches Standbein der *Teamplan AG* wurde. Wir beschlossen, dass die *Teamplan AG* die Verlagsberatung intensivieren sollte und erarbeiteten ein entsprechendes Konzept. Gleich nach Gründung der *Teamplan AG* engagierte mich Dr. Gysi aus Bern, die *Büchler AG* zu beraten, deren oberster Chef er war. Wir entwickelten zusammen mit zwei seiner Mitarbeiter ein interessantes Planungskonzept. Später erhielt ich einen umfangreichen Auftrag von der *Fischer Druck und Verlags AG* in Münsingen bei Bern, mit dem ich jahrelang beschäftigt war. Nun kam der *gerhard schillinger verlag* dazu, der noch heute aktiv ist.

Wir wollten mit dem Verlegen eines spektakulären Titels beweisen, dass wir exzellente Verlagsberater sind. Mit dem mittlerweile renommierten Forstrat Wolf Hockenjos, meinem Schulkameraden vom Kepler-Gymnasium, beschloss ich im *Oberen Wirtshaus* in Langenordnach, einen Bildband über das Waldsterben zu verlegen. Mit meiner Erfahrung in der Szenario-Technik erarbeitete Wolf drei Prognosen über die weitere Entwicklung des Waldsterbens. Da er sowohl ein exzellenter Autor als auch ein begnadeter Fotograf war, wurde das Buch ein Bestseller.

Unser Verlagsmarketing für den *Tännlefriedhof* (1984) war so perfekt, dass Lothar Späth, der damalige Ministerpräsident von Baden-Württemberg, einen Kommentar und Jo Leinen, der damalige saarländische Umweltminister, das Vorwort schrieb. Das Buch wurde in Presse und Rundfunk hervorragend besprochen und erschien sogar als Titelgeschichte im *Spiegel*, wobei unser

Buch-Cover als Titelbild eingesetzt wurde. Selbstverständlich hatten wir auch einen Stand auf der Frankfurter Buchmesse. Obwohl mich der *gerhard schillinger verlag* einige hunderttausend D-Mark kostete, lagen die Gewinne bei der Verlagsberatung in Millionenhöhe.

Derweil wollte ich auf der linken Seite des Zürichsees eine Immobilie erwerben als Wohnsitz und Firmensitz für die *Teamplan AG*, der näher am Flugplatz lag als das Berghäusle im Schwarzwald. Da soeben die *ABB* entstanden war, hatte ich Konkurrenz von ca. fünfzig schwedischen Führungskräften, die im Großraum Zürich das Gleiche suchten. Ich sagte meinem Versicherungsmakler, der stets unterwegs war: »Wenn auf der linken Seeseite ein neues Bauschild angebracht wird, dann möchte ich das innerhalb von sechzig Minuten erfahren!« Umgehend unterbreitete er mir eine Offerte, nämlich die Villa Fontana in Thalwil, die ich bereits kannte, da bei unseren Fotomodel-Bootsfahrten öfters ein Sohn der Familie Fontana dabei war, der uns anschließend zu einem Drink auf der Terrasse mit atemberaubender Sicht auf den See eingeladen hatte. Ich war nun also Besitzer dieser Terrasse, nachdem ich die Hälfte der Tischenloomühle, d.h. die Villa Fontana für 1,1 Millionen Schweizer Franken erworben hatte. Das Haus liegt nur dreißig Meter vom See entfernt, so dass ich bei schönem Wetter im Sommer dreimal täglich im See schwimmen konnte (s. Abb. 5).

Die Tischenloomühle ist außerdem nur zweihundert Meter vom Bahnhof Oberrieden-See entfernt; ich konnte mit der damals gerade neu eingerichteten S-Bahn bequem und schnell überall hinfahren.

Ein Mandant, für den ich ebenfalls häufig zum Flughafen fahren musste, war die *Bayerische Vereinsbank*. Die Firma hatte eine grandiose Marketingidee: Statt teurer bunter Inserate bot sie für mittelständische Unternehmer Managementinfos an, die auf dem neuesten Stand waren, in Form von Veranstaltungen. Über Jahre hinweg war ich dort der allseits geschätzte Moderator. Es gab Großveranstaltungen mit einem Saal-Architekten und einem Podium. Rechts von mir saßen drei Professoren, die das Fachgebiet als Korriphäen vertraten, links drei mittelständische Unternehmer, die z.B. mit CIM (*Computer Integrated Manufactoring*) ihre praktische Erfahrung einbrachten. Meistens hielt ich selbst neben der Moderation auch noch ein Fachreferat. Die Bezahlung war fürstlich; ich reiste per Flugzeug und Chauffeur, gelegentlich auch mit einem Privatflugzeug. Besonders anstrengend war die abschließende Plenumsdiskussion. Zum Glück konnte ich das Mikrofon managen. Wenn ein Unternehmer begann, seine Lebensgeschichte zu erzählen, bediente ich den roten Knopf, um alle Mikrofone außer meinem eigenen abzuschalten und teilte scheinheilig mit, dass leider ein technischer Defekt eingetreten sei (s. Abb. 6).

Neben den Großveranstaltungen, die in ganz Süddeutschland stattfanden, gab es Fachsymposien in sehr gepflegtem Rahmen für Großkunden. Am Abend fand immer eine Veranstaltung statt, die ich ebenfalls moderierte. Zwei Veranstaltungen sind mir heute noch in Erinnerung.

Der Designer Colani war im *Ersten Deutschen Fernsehen* prominent aufgefallen, weil er die Kapitalisten beschimpfte. Diese Sendung war für uns der Impuls, ihn zu einem Abend über Design und Innovation einzuladen. Sein Honorar für den e i n e n Abend betrug fünfundzwanzigtausend Schweizer Franken plus sechstausend Schweizer Franken für sein Privatflugzeug mit Berufspilot. Mir kam es ziemlich teuer vor, doch letztlich hatte die Bank wie immer noch verdient. Aufgrund seiner schlechten Erfahrungen und meiner dringenden Empfehlung, redete Colani wenig und fertigte stattdessen achtzig Zeichnungen an, die die Bank für rund hunderttausend D-Mark verkaufen konnte. Als Colani eintraf (mit weißem Pullover und einer überdimensionierten Armbanduhr über dem Pullover) wurde ich ihm vorgestellt. Ich sagte ihm gleich: »Herr Colani, wir haben heute Abend nur dann Erfolg, wenn Sie alles machen, was ich Ihnen sage und absolut nur das.« Er war so dankbar für meine Anweisungen, dass er mir zwei Zeichnungen schenkte, die man heute noch im Chalet Gerardo bewundern kann.

Das Thema des zweiten Symposiums war Europa-Marketing. Abends wurde der Brüssel-Korrespondent der *ARD* von mir interviewt. Im Vorgespräch fragte ich ihn, warum er vom *ZDF* zur *ARD* gewechselt hatte. Seine Antwort: »Ganz einfach, nur bei der *ARD* gab es damals eine Altersversorgung!« Als ich ihn abends vorstellte, sagte ich: »Übrigens, er hat vom *ZDF* zur *ARD* gewechselt, weil …«. Er errötete leicht.

1989 kam der Fall der Mauer mitten in unsere Serie von Unternehmerkollegs. Via *RKW* fragte die Bundesregierung uns an, ob wir Managementkollegs für Mittelständler zur Wiedervereinigung durchführen würden. Wir griffen diese Anregung gerne auf. Für die Bank war das eine exzellente Werbung, wir bekamen dazu noch vom *RKW* zusätzliches Geld und ich weitere Aufträge.

Die erste Veranstaltung für die *Bayerische Vereinsbank* war zwar nach der Wende, jedoch vor der Wiedervereinigung. Weder mit der *Lufthansa* noch per Interflug konnte man von Zürich, Frankfurt oder München nach Leipzig fliegen. Wir mussten ein Privatflugzeug chartern. In Leipzig wurde ich nach der Landung auf dem Flugfeld von einem *Trabbi* mit Chauffeur abgeholt. Das beste Hotel steht neben dem Hauptbahnhof. Unser Sitzungszimmer war mit Fellen (Jagdtrophäen von Erich Honegger) dekoriert. Ich logierte im ehemaligen Zimmer von Mielke, das Genscher vor mir bewohnt hatte. Es verfügte als einziges über einen Telefonanschluss in den Westen (s. Abb. 7).

Im Sitzungszimmer trafen sich zwölf ›Wessi‹-Mittelständler und zwölf ›Ossi‹-Manager. Für mich war es schwierig, da die ›Wessis‹ die ›Ossis‹ in Grund und Boden redeten. Die Ossis trauten sich nicht, den Mund aufzumachen. Ich hatte eine geniale Idee: Schon am helllichten Morgen ließ ich Wein servieren, der vor allem den ›Ossis‹ ›die Zungen lockerte‹. Gleichzeitig sagte ich den ›Wessis‹: »Wenn ihr jetzt nicht die ›Ossis‹ reden lasst, bekommt die Hälfte der ›Wessis‹ Saalverbot.« Das half. Ich habe ausgewählten ›Ossis‹ im Westen (auch in der Schweiz) attraktive Jobs vermittelt, machte aber in Dresden später weniger gute Erfahrungen.
Aus dieser Initialveranstaltung entwickelten wir neue Unternehmerkollegs. Jetzt hatte ich auf dem Podium drei Wessi-Unternehmer mit Osterfahrung und drei ›Ossis‹, die berichteten, wie es in der DDR zugegangen war und uns Ausdrücke für Wirtschaftsphänomene erklärten, die wir zum ersten Mal hörten.

Natürlich ging das normale Beratungsgeschäft weiter. Mein größter und wichtigster Auftraggeber war *Schottglas* in Mainz. Ich war für die Firma jahrelang auf der halben Welt tätig; auch für *Schott Jena* direkt nach der Wende. Menschlich besonders wertvoll war auch meine Tätigkeit bei der *Crypto AG* in Steinhausen bei Zug. Mit den einander nachfolgenden Direktionspräsidenten Heinz Wagner und Michael Gruppe, beide von Siemens entsandt, hatte ich ein sympathisches und äußerst kreativ-angeregtes Verhältnis. Nachdem ich während der *Teamplan*-Zeit oft im Schnitt jeden zweiten Tag und manchmal drei Mal am Tag im Flugzeug saß und mich beim Erwachen an den Namen des Hotels und – noch schlimmer – des aktuellen Mandanten kaum erinnern konnte, dachte ich mit achtundfünfzig Jahren daran, die *Teamplan AG* zu verkaufen.

Die Frühpensionierung

Während der *Teamplan*-Zeit gab es eine entscheidende Veränderung in Bezug auf den Ort, wo ich mich die meiste Zeit des Jahres aufhielt. Ich hatte das Berghäusle in Langenordnach für eine Million D-Mark verkauft und wollte so schnell wie möglich eine für meine Berufstätigkeit von der Schweiz aus noch attraktivere Alternative finden. Es dauerte tatsächlich nur wenige Tage, bis ich das Chalet in Amden erwarb. Wieder einmal führten dazu viele Zufälle. Ich war nach dem Auszug aus dem Berghäusle in den Flumserbergen zum Skifahren. Bei der Heimfahrt sah ich beim Walensee auf der Nordseite die Steinschlaggalerie und nahm an, das Dorf sei – wie Braunwald – nur mit einer Zahnradbahn erreichbar.

Am Neujahrstag 1990 war ich zum ersten Mal in Amden-Arvenbüel und absolut begeistert von der Sonnenterrasse. Am folgenden Tag fuhr ich erneut nach Amden um herauszufinden, wie man hier ein Chalet kaufen könnte. In Begleitung meines zehn Wochen alten Labradors ›Boby‹ kam ich mit jedem ins Gespräch. Man sagte mir, es gebe zwei Chaletbauer, die die Hand auf allen Bauplätzen hätten. Der Chalet-Bauer in Arvenbüel hatte gerade einen Herzinfarkt erlitten; seine Frau übergab mir kommentarlos Baupläne für ein Doppelchalet an der Zufahrtsstraße nach Arvenbüel.

Die Pläne zeigte ich einem seit zwanzig Jahren mit mir befreundeten Architekten. Er empfahl mir, Fotos vom Bauplatz und der jeweiligen Sonneneinstrahlung zu machen. Als Entscheidungshilfe erstellte ich eine Liste mit Kriterien für die Evaluation: Die Sonneneinstrahlung, die Zufahrt im Winter, die Lawinengefahr usw. Anschließend bewertete ich sechzig Chalets, egal, ob sie zu verkaufen waren oder nicht. Dadurch bekam ich ein sicheres Gefühl für das, was ich haben wollte, lernte die unterschiedlichsten Lagen in Amden kennen und wurde mir klar über die gewünschte Größe des Chalets. Wichtig war mir, dass für die Unternehmer-Seminare gute Hotels in unmittelbarer Nähe zur Verfügung standen. Im Klartext: Ich benötigte nicht mehr die Wohnfläche von dreihundert Quadratmetern, besaß auch kein Pferd mehr und keine Pistenraupe wie im Schwarzwald. Ungefähr hundert Quadratmeter Wohnfläche sollten ausreichen.

Das Ergebnis der Evaluation war, dass ich zufälligerweise drei nebeneinander liegende Chalets zu meinen Favoriten erkor. Zunächst konzentrierte ich mich auf das vom Chaletbauer angebotene Doppel-Chalet. Am ersten Sonntag im Januar 1990 war ich bereits um 6.^{30} Uhr auf dem Bauplatz, um Fotos zu machen.

›Boby‹ hatte ich in der Mitte des Grundstücks festgebunden, damit ich in Ruhe fotografieren konnte. Aus dem Nachbarchalet kam eine Labradorhündin, die an meinem zehnwöchigen Welpen Gefallen fand. Bald kam auch die Hundebesitzerin Paula. Ich musste ihr natürlich sagen, warum ich fotografierte. Ihr Mann sei vom Baufach, erwiderte sie und könnte mir Tipps geben. Für eine Schweizer Familie völlig ungewöhnlich, bat sie mich um sieben Uhr morgens in ihr Chalet. Es war Sonntag und vor dem offenen Kamin saß ihr Mann Toni und arbeitete – als ›echter‹ Holzbauunternehmer. Toni war zunächst skeptisch gegenüber dem potentiellen Nachbarn, den seine Frau sonntags um sieben Uhr aufgegabelt hatte, aber nach einer halben Stunde besprachen wir bereits die ersten gemeinsamen Geschäftsmöglichkeiten im Schwarzwald.

Toni meinte, bevor wir das Bauvorhaben näher prüfen würden, sollten wir ein Chalet anschauen, das er vor ein paar Tagen habe schätzen müssen; die Lage sei fantastisch! Dort angekommen, konnte ich das bestätigen, war es doch eines der drei von mir am besten bewerteten Chalets. Allerdings war es noch nicht offiziell angeboten. Die Bank hielt es unter Verschluss, aber Toni konnte mir den Innenausbau so präzise beschreiben, dass es kein Risiko war, das Chalet sofort zum Schätzpreis von dreihundertneunzigtausend Schweizer Franken zu erwerben (s. Abb. 8 und 9).

Also fuhr ich noch am selben Sonntag nach Zürich zu Aniek, die das Chalet für ihre Mutter verkaufen sollte und die Schätzung in Auftrag gegeben hatte. Sie wollte meinen Scheck über zehntausend Schweizer Franken zuerst gar nicht annehmen und meinte, man könne doch ein Chalet erst nach einer Besichtigung des Innenausbaus kaufen. Ich überzeugte sie, dass das in meinem Fall anders sei.

Nachdem ich die *Teamplan AG* verkauft hatte, saß ich nun also in meinem wunderschönen Chalet und fiel in ein ›tiefes Loch‹. Ich hatte erfolgreich Unternehmer beraten, wie man sich auf die Pensionierung vorbereitete, für mich selbst hatte ich jedoch alles falsch gemacht. Schließlich unternahm ich eine lange geplante Weltreise über Los Angeles, Hawaii, den Fiji-Inseln, Neuseeland, Australien und Thailand, danach eine Reise durch Südafrika und den Krügerpark, entlang der Gartenküste nach Kapstadt und ins Weingebiet.

Mittlerweile hatte ich den Wohnsitz in Thalwil aufgegeben. Meine Hälfte der Villa Fontana stand allerdings jahrelang leer und ich musste schließlich einen miserablen Verkaufspreis akzeptieren, angesichts dessen mich der Steuerbeamte sogar fragte, ob der Verkauf mit einer Schenkung kombiniert sei. Die Käuferin soll's freuen!

Beruflich ergab sich eine völlig neue Perspektive: In der *Weltwoche* las ich ein Inserat mit der *Headline*: »Tun Sie etwas Vernünftiges!« Es ging um die Vermarktung von Regenwaldprodukten in der Schweiz und in Süddeutschland. Auftraggeber war das Schweizerische Bundesamt für Außenwirtschaft (BAWI).

Wie immer bei neuen Marketingprojekten und weil gerade Adventszeit war, flog ich mit einer Freundin nach New York. Tatsächlich fand ich einen Laden, der Nüsse aus dem Regenwald anbot. Es war naheliegend, zwei Expertenteams zusammenzustellen: Für Kosmetik und für *Food*. Alles weitere wird im folgenden Bericht von Charlotte Peter vorzüglich beschrieben:

> Mit Marketing-Strategie und Herz für den Regenwald, Dr. Gerhard Schillinger, ein Entwicklungshelfer der Sonderklasse. Sein Lebenslauf klingt so mustergültig, daß es schon fast langweilig ist: Geboren in Freiburg im Breisgau, Studium der Volkswirtschaft und der Physik, Wirtschaftsexperte bei der EG in Brüssel und in Mali (Westafrika), Aufbau des Bereichs Innovationsberatung bei der Prognos AG in Basel, Geschäftsführer eines Unternehmens für Medizintechnik, Gründung einer eigenen Firma – und das alles mit Erfolg.
>
> Der quirlige, blitzgescheite 50er ist alles andere als langweilig. Gerade erst vor einem Jahr hat er ein neues Leben begonnen: »Nachdem ich mir eine Hausorgel hatte bauen lassen, entdeckte ich plötzlich, daß ich eigentlich gar keine weiteren Bedürfnisse nach Luxus habe. Mehr als Geld reizt mich heute eine wirklich spannende Aufgabe«, sagt er.
>
> Die neue Aufgabe fand er in einem Mandat der Schweizerischen Zentrale für Handelsförderung zugunsten von Entwicklungsländern (OSEC), das er zumindest teilweise ehrenamtlich übernommen hat. Seine Philosophie: Nicht Geld in die Entwicklungsländer schicken, sondern den Menschen dort zeigen, wie man Geld verdienen kann.
>
> Dies funktioniert bereits in zwei Fällen recht gut. In Tansania fördert ein Schillinger-Team den Anbau von Queme-Nüssen, aus denen wertvolle ätherische Öle gewonnen werden können. Die Nüsse aber reifen in einer Art Kürbis, der sich um Bäume rankt, und damit wären wir bei einem ersten Trick von Schillingers sehr schlauer Entwicklungshilfe: »Mit Stangen funktioniert das nicht, es müssen Bäume sein. Dadurch aber sehen sich die Bauern in Tansania veranlaßt, ihre Wälder zu schonen. Nüsse bringen mehr ein als Holz.«

Sehr ähnlich funktionieren Vanille-Pflanzungen im Nordosten von Madagaskar, denn auch Vanille braucht zum Gedeihen Bäume. Allerdings gibt es hier eine lehrreiche Vorgeschichte: Auf der Insel im Indischen Ozean gedeiht die beste Vanille der Welt, weshalb das Land während langer Zeit eine Art Vanille-Monopol besaß. Das verführte die Regierung dazu, die Preise unmäßig zu erhöhen, was sogleich Konkurrenten auf den Plan rief. Indonesien stieg in das lukrative Geschäft ein und schon blieben die Madagassen auf ihrer Vanille sitzen, weshalb die Bauern gezwungenermaßen auf Reis und Gemüse umstiegen. Die unvermeidliche Folge war ein Abholzen der Wälder, denn Reis braucht mehr Platz als die zur Orchideenfamilie zählende Vanille. Dem Team von Dr. Schillinger gelang es nun jedoch, das Rad zurückzudrehen. Madagaskar liefert wieder Vanille, jetzt aber zu marktgerechten Preisen: »Als Ergänzung zu einem Projekt, das vom World Wildlife Fund (WWF) in Madagaskar vor Ort betrieben wird, sind diese Marketing-Aktivitäten in der Schweiz eine wichtige Maßnahme zur Erhaltung des Regenwaldes«, sagt Schillinger.

Damit kommen wir zu einem zweiten »Trick« des Entwicklungshelfers: Er sorgte dafür, daß für jedes Produkt absolut zuverlässige und potente Abnehmer gefunden wurden und hatte deshalb Großunternehmer als Partner gesucht und auch gefunden: Zu den Interessenten an seinen Urwaldprodukten zählen neben der Migros auch Groß-Importeure wie Givaudan und Flachsmann. Wichtig ist auch die Mitarbeit von Ernährungs- und Kosmetik-Spezialisten, denn nur Qualitätsprodukte können sich auf dem Markt behaupten.

Gerhard Schillinger geht einen konsequenten Weg: »Erfolgreiche Entwicklungshilfe muß professionell gemacht werden«, sagt er und bringt gleich selbst die besten Voraussetzungen mit. Schließlich hat der »Vanille-Mann« nicht nur jahrelange Erfahrung als Manager und Manager-Berater, er kennt auch die Dritte Welt, denn er arbeitete einige Jahre lang in Mali. Dieser knallharte Job bewirkte, daß Schillinger sich heute überall auf der Welt mit der Leichtigkeit eines Zugvogels bewegt. Weder tagelange Jeep-Fahrten auf steinigen Pisten noch lausige Unterkünfte können ihn abschrecken. Er nimmt es, wie es kommt, klagt nicht über mangelnden Komfort, läßt es sich aber auch gerne wieder einmal wohl sein, sofern ein »Hilton« zur Verfügung steht. Er ist kein grüner Schwärmer, sondern ein Realist mit einem warmen Herzen. Daher hält er nicht viel vom Bettelknabenbenehmen mancher Touristen, die von der Billigkeit der armen Länder bis zum letzten Cent profitieren wollen. Er hat Verständnis auch für jene, die auf der Schattenseite des Lebens stehen. Ein Marketing-Stratege mit Herz.

Mein neues Leben war also keineswegs das eines Pensionärs, sondern immer aufregend, interessant, einträglich und nie langweilig. Zum Abschluss meiner Erwerbstätigkeit hatte ich von einem Freund aus Bielefeld ein attraktives Projekt übernommen. Die Firma produzierte und vertrieb u.a. Weingeschenk-Verpackungen. Es war entscheidend für den Erfolg dieser Geschenkverpackungen, jedes Jahr die richtigen Motive auszuwählen, die z.B. von dem bekannten Freiburger Grafikdesigner Peter Lorenz vorgeschlagen wurden. Die jährliche zweitägige Sitzung fand meistens im Panorama Hotel oberhalb von Freiburg statt. Da ich nach Südafrika reisen wollte, schlossen wir folgende Vereinbarung: Wenn es mir gelingt, im Weingebiet Stellenbosch in der Nähe von Kapstadt die Weingeschenk-Verpackung einzuführen, wird mir die Reise bezahlt – was geschah!

Die Jahre in Amden und Andalusien

Nachdem ich 1998 die *Teamplan AG* verkauft hatte, war ich frei, um ein lange geplantes Projekt zu realisieren. Ich habe dies in der Broschüre *Der lange Weg in den sonnigen Süden* beschrieben. Diese Beschreibung will ich hier verkürzt wiedergeben. Seit der Tramptour mit Melitta 1962 zur Unterwasserexpedition – also vor siebenundvierzig Jahren – wollte ich im sonnigen Süden eine Immobilie erwerben oder erstellen.

Da Französisch (ebenso Englisch mit Schwarzwälder Akzent) für mich wie eine Muttersprache ist, war die Côte d'Azur als Standort naheliegend, z.B. Vence oberhalb von Nizza. Allerdings war die Côte mir doch zu ›chicki-micki‹ und im Winter zu kalt. Wieder einmal wollte es der Zufall, dass mich Freunde nach Marbella einluden, das nicht weniger ›chicki-micki‹ war. Sie zeigten mir Tarifa, dort wo Mittelmeer und Atlantik zusammenstoßen, und ich wusste sofort, dass hier der richtige Platz im Süden war. Als ich beim zweiten Aufenthalt um 22.⁰⁰ Uhr im Hotel *Dos Mares* eintraf, fragte ich den Direktor (Havier), ob er eine Immobilie in der Altstadt wüsste, die zum Verkauf stünde. Er hatte ein Angebot und zwanzig Minuten später besichtigten wir eine Ruine mit der Adresse ›San Rosendo 5‹. Ich erwarb sie am folgenden Tag und ließ sie bei Notario Carlos beurkunden. Er hatte eine Dixieland-Band und liebte den Wein, nach ausgiebigem Probieren auch den Badischen. Der Vorteil dieser Ruine lag darin, dass ich nicht *Constructiones* (mit notwendiger Baugenehmigung), sondern *Reconstructiones* betrieb, wobei Carlos gemäß meinen Wünschen den ursprünglichen Zustand der Finca Urbana ins Grundbuch eintrug. Erst nach einiger Zeit fiel mir ein, dass ich auch noch einen Turm bauen wollte. Also erwarb ich badischen Wein, ging zu Carlos und sagte: »Ich habe vollkommen vergessen, dass es auf der

Finca früher auch noch einen Turm gab!« Seine Antwort: »Kein Problem«, und der Turm war ebenfalls genehmigt.

So führte ich ein angenehmes Leben im Wechsel zwischen Amden, Klosters (zum Skifahren) und Andalusien im Frühjahr und Herbst. Für den Sommer war meist eine Überseereise vorgesehen. So flog ich zum ersten Mal nach Buenos Aires. Südamerika war für mich geschäftlich nicht erreichbar, da ich früher weder Portugiesisch noch Spanisch sprach. So musste ich schon die Reise nach Brasilien während der *Prognos*-Zeit selbst bezahlen. Anke und ich flogen Mitte der siebziger Jahre nach Rio, mieteten einen *VW-Käfer* und fuhren durch die Pampa nach Brasilia, das damals gerade – von Niemeyer entworfen – neu gebaut worden war. Wir wurden dort in der brandneuen Deutschen Botschaft betreut. Weiter reisten wir mit dem *VW* nach Sao Paulo, von dort mit dem Flugzeug zu den Iguazú-Wasserfällen im Länderdreieck Brasilien/Uruguay/Argentinien. Ich flog dort mit dem Hubschrauber ›hinter‹ die Wasserfälle, also hinter den Wasservorhang.

Von Sao Paulo nach Rio fuhren wir besonders abenteuerlich wieder mit dem *VW*. Es gab die Möglichkeit, die Strecke zum größten Teil auf dem Sandstrand zurückzulegen. Als wir von Sao Paulo kommend den Strand erreichten, sahen wir nur Wasser. Im Restaurant erhielten wir die Auskunft: »Ihr müsst eben warten, bis wieder Ebbe ist.« Bald war es soweit und wir konnten hinter einem Ortskundigen viele Kilometer am Strand zurücklegen. Weiter im Land war die Flussüberquerung meistens nur über zwei Bretter auf Eisenträgern in Spurbreite des *VW-Käfers* möglich.

Nun, Jahre nach der Pensionierung, war die Reise nach Argentinien geplant nach dem Motto: Zum Arbeiten zu alt, zum Sterben zu jung, zum Reisen topfit. Ich flog mit der *Lufthansa* von Malaga via Frankfurt nach Sao Paulo und – nach einem *Thunderstorm* – nach Buenos Aires. Der Flug kostete retour siebenhundertfünfzig Euro. Da beim Rückflug das Gepäck in Frankfurt nicht auffindbar war, wurde es am Folgetag mit dem Taxi hundertsechzig Kilometer von Malaga nach Tarifa gebracht; für mich erstaunlich, dass die Lufthansa trotzdem noch Gewinne erzielte. In Buenos Aires war das erste Hotel mäßig, das zweite direkt gegenüber dem *Teatro Colón* super. Mittlerweile kann ich etwas Spanisch, nachdem ich das Haus in Tarifa ohne jegliche Spanisch-Kenntnisse mit selbst gezeichneten – international verständlichen – Bauplänen errichten ließ. Damals hielt ich das Wort ›Holla‹ wieder einmal für eine Strumpfmarke.

Das *Teatro Colón* ist das größte Theater Südamerikas und tatsächlich gigantisch. Für zwei Euro bekam ich im Parkett einen Platz in der zweiten Reihe. Neben mir saß zufällig die Stationsmanagerin der *Lufthansa*, die am Wochenende für ihre Kunden ein Fest auf einer Hazienda veranstaltete. Sie lud mich spontan ein, mitzukommen. Mit Vergnügen nahm ich die Einladung an. Es waren etwa vierhundert Gäste, die mit Bussen fast zwei Stunden durch die Pampa fuhren. Auf einem acht Quadratmeter großen Grill wurde zubereitet, was das Herz begehrte. Etwa hundertzwanzig Pferde standen zur Verfügung, um mit den Gauchos auszureiten. Der Tag war traumhaft. Auch der Besuch des Flussdeltas vom Rio d'Oro und die Überfahrt nach Montevideo/Uruguay waren beeindruckend. Eigentlich war ich aber auch gekommen, um Tango zu tanzen. Auch das war noch möglich.

Die nächste Sommerreise führte mich an das Tote Meer in Jordanien. Ich hatte mich schlicht für zwei Wochen im *Mövenpick*-Hotel eingemietet. Das Hotel hatte fünfhundert Betten und sechzig Gäste. Ebensoviele Köche bekochten diese Gäste in fünf Restaurants. Der deutsche Hoteldirektor kannte jeden Gast! Für den Herbst war ein Meeting des *World Economic Forum* (WEF) geplant, das der König persönlich vorbereitete. Im Hotel suchte man einen Europäer, der im jordanischen Fernsehen die für das WEF vorgesehenen Gerichte testen sollte. Natürlich war ich bereit. Ich äußerte mich im Interview äußerst kritisch über das WEF, dieser Teil der Sendung wurde vom Schweizer Fernsehen übernommen (s. Abb. 10).

Der Hoteldirektor stellte mir die *Mövenpick*-Limousine mit Fahrer zur Verfügung, so konnte ich drei interessante Ausflüge unternehmen. Beeindruckend waren der Berg Sinai (wo Moses von Gott zwei steinerne Gesetzestafeln mit den zehn Geboten erhalten haben soll) und die Felsenstadt Petra (mit den in den Fels gehauenen eindrucksvollen Monumenten). Ich kannte den Spruch, dass man einmal im Leben seinen Finger in den Jordan tauchen sollte. Er war der Grenzfluss zu Israel, so dass alles organisiert werden musste. Wir fuhren zunächst zu einer Militärstation, dort wurde mir ein Offizier in Zivil zugeordnet. Weiter ging es in einem gepanzerten Fahrzeug mit zwei japanischen Journalistinnen, ebenfalls in Begleitung von Offizieren. Den Rest des Weges konnten wir nur per zwanzigminütigem Fußmarsch zurücklegen. Am relativ bescheidenen Jordan wehte am gegenüber liegenden Ufer die israelische, auf unserer Seite die jordanische Fahne. Ich tauchte meinen Finger in den Jordan, darauf wurden wir sofort in einen Unterstand geleitet. Entfernt hörte ich Maschinengewehrsalven und fragte meinen Offizier, was das sei. Er habe nichts gehört, war seine Antwort! Abschließend war ich froh, nach zwei Wochen wieder wohlbehalten im Chalet zu sein und Bergtouren unternehmen zu können, bei denen man allerdings auch in der Schweiz mit Gewehrsalven belästigt werden kann.

In Amden war es immer wieder angenehm, von guten Freunden eingeladen zu werden, die ebenfalls (in der Nachbarschaft) ein Chalet besaßen. Es sind dies Dr. Hans Rudi Voellmy mit Marianne und der bekannte Orgelbauer Hermann Mathis mit Bernadette. Einige Jahre war auch Jörg Kachelmann, der im Fernsehen das Wetter ›macht‹, unser Nachbar.

Das Haus in Marokko und das Projekt in Ghana

Von Tarifa ist man mit der Fähre in fünfunddreißig Minuten in Marokko; es ist also naheliegend, mit dem Auto eine Reise durch ganz Marokko zu unternehmen. Im Sommer ist es vor allem in der Sahara zu heiß, so dass ich erst im Herbst 2002 reiste, zuerst von Tanger über das Rifgebirge (dort wird hauptsächlich Haschisch angebaut); weiter an der Mittelmeerküste ostwärts bis fast an die algerische Grenze. Ich übernachtete in einem Hotel in einer Bucht am Hang. Vier Wochen nach meiner Rückkehr gab es dort ein mittleres Erdbeben, das Hotel wurde völlig vernichtet. Von der Küste ging es nach Fes, wo ich zum ersten Mal in einem wunderschönen ›Riad‹ wohnte und auch zum ersten Mal in einem ›Hamam‹ (das arabische Bad) war. Über den Atlas mit vielen Schafen und sogar einigen Skiliften fuhr ich nach Edfoud, der letzten Station vor der Sahara. Mit meinem marokkanischen Begleiter, der für das Essen sorgte, und einem Kameltreiber begann der zweitägige Kamelritt zu einer Oase. Wir übernachteten im Berberzelt.

Es war unglaublich heiß, so dass ich einen Turban tragen musste. Von Edfoud tourte ich westwärts bis zur Küste und in Richtung Süden bis nach Agadir. Auf der Fahrt entlang der Küste entdeckte ich, dass man für sehr wenig Geld ein Strandhaus direkt am Meer kaufen konnte (s. Abb. 11).

Mein Entschluss war gefasst: In der Umgebung von Tanger, also von Tarifa aus schnell erreichbar, wollte ich ein kleines Haus kaufen, das direkt am Strand liegt. Der Plan war realisierbar. Schwierig war es jedoch zunächst, einen Makler zu finden. Schließlich beauftragte ich einen in Marakesch. Dort sind schon einige Europäer Hausbesitzer. Der Makler reiste sofort nach Tanger und fand mein Traumhaus für sechsunddreißigtausend Euro. Das Haus liegt sechs Kilometer östlich von Tanger in einer kleinen Bucht. Vom Hafen sind es zehn Kilometer. Das Taxi für diese Strecke kostete damals zwei Euro. Alle wichtigen Leute sprechen französisch. Seit Anfang 2003 ist dies also unser Traumhaus im Süden (s. Abb. 12 und 13).

Das Haus in Tarifa war wegen der Krise in Spanien schwer zu verkaufen. Schließlich interessierte sich ein Freund. Er und seine Frau (sie ist *Lufthansa*-Stewardess) sind mit der Finca Urbana glücklich.

Nun hatte ich also wieder einen Fuß in Afrika – ein Kontinent, der mich weiterhin faszinierte. Mein Neffe zweiten Grades, Martin Beck, verhalf mir dazu, mich auch mit Schwarzafrika erneut zu beschäftigen. Vor achtzehn Jahren hat er Fusi aus Nord-Ghana geheiratet, die eine (heute siebenundzwanzigjährige) Tochter in die Ehe einbrachte. Zur Hochzeit hätte Martin eigentlich eine bestimmte Anzahl Kühe für Fusis Mutter kaufen sollen. Dank seiner Intelligenz und Menschenfreundlichkeit hatte er ausgehandelt, dass der Gegenwert in Form von neuen Dächern (verzinktes Wellblech) für die Hütten der Schwiegermutter angelegt wurde. Fusi und Martin haben zwei bildhübsche Töchter im Alter von siebzehn und vierzehn Jahren.

Für Fusi gab es bis 2006 das große Problem, dass niemand aus der Familie des Ehemannes bisher bereit war, ihre Mutter in Ghana zu besuchen. Ich meinerseits war sofort dazu bereit. Die Reise wurde im Januar 2006 geplant und gebucht und sollte im Juli desselben Jahres stattfinden. Ich bemühte mich alsbald um die vielen Impfungen und – mit etwas Glück – um die beiden notwendigen Visa, die man mir als deutschem Staatsbürger eigentlich nicht in der Schweiz, sondern im weit entfernten Berlin hätte ausstellen müssen.

Über Paris flog ich nach Quagadougou, die Hauptstadt von Burkina Faso, die ich vor sechsunddreißig Jahren auf dem Weg von der Elfenbeinküste nach Mali mit dem *VW-Käfer* schon einmal besucht hatte.

In Quagadougou wollte ich auf jeden Fall ein Auto mieten, was Martin und Fusi dazu animiert hatte, sieben ziemlich große Gepäckstücke mit auf die Reise zu nehmen. Als wir am Flugplatz in Quagadougou das Taxi, das uns zum Hotel bringen sollte, mit dem Gepäck beladen hatten, war der Wagen schon so überladen, dass wir ein zweites Taxi für uns selbst nehmen mussten.

Das Hotel – in Schweizer Besitz – war bezüglich der sanitären Anlagen sehr afrikanisch ausgestattet. Dafür bot es den Vorteil, dass alle für die Anmietung des Leihwagens notwendigen lokalen Informationen schnell verfügbar waren. Bereits nach einer guten Stunde konnte ich zwei etwa zwanzig Jahre alte *Mercedes* der heutigen C-Klasse besichtigen und war nach einer Probefahrt mit dem besseren von beiden sicher, ein ausreichend zuverlässiges Auto gemietet zu haben.

Bezüglich der Mietdauer teilte mir Martin zu meinem Erstaunen mit, dass er den Wagen auch nach meinem Abflug noch zwei weitere Wochen behalten wollte. Die Begründung war aber einleuchtend: Seine Mutter hatte tatsächlich beschlossen, ausgerechnet im Sommer 2006 Martins Schwiegermutter in dem westafrikanischen Land zu besuchen. Für ihren Aufenthalt, der wohlweislich erst zwei Tage nach meinem Abflug begann, war der von mir gemietete *Mercedes* ein sinnvolles Transportmittel.

Martin hatte seiner Mutter nichts von meinem Aufenthalt in Ghana erzählt und wollte es auch so belassen. Zum Glück konnte ich ihn davon überzeugen, dass mit Sicherheit schon die Kinder ihrer Großmutter von mir erzählen würden, sodass Martin seiner Mutter am Tag ihrer Ankunft doch von meinem Aufenthalt berichtete; sie war entsprechend überrascht.

Während Martin sich in Quagadougou vier Stunden vergeblich um eine Ausfuhr- und Wiedereinfuhrgenehmigung für das Auto bemüht hatte und den Versuch endlich entnervt aufgab, hatte ich Dachgepäckträger für das umfangreiche Gepäck beschaffen lassen. Nach hundertachtzig Kilometern Fahrt direkt nach Süden erreichten wir die Grenze nach Ghana. Selbstverständlich mussten wir beim Zoll alle Gepäckstücke abladen und öffnen. Der Grund war die Sitte bzw. Unsitte, dass die Zöllner alle Gegenstände aus dem Gepäck behalten, die sie brauchen oder verkaufen können.

An der Zollabfertigung ist der Entwicklungsstand des jeweiligen Landes ›ablesbar‹. Burkine Faso als Binnenland – ohne direkten Zugang zum Meer – benutzt an der Grenze keine PCs zur Erfassung der Aus- und Einreisenden; es gibt auch keine Glasscheiben in den Zollstationen. In Ghana ist dagegen beides vorhanden. Dort fahren auch Linienbusse mit festen Fahrplänen, was in Schwarzafrika ungewöhnlich ist, da die Busse erst dann losfahren, wenn sie voll besetzt sind.

Unser Ziel in Ghana war der Bongo-District in der Region Upper East im Norden des Landes. Das Haus von Fusi und Martin befindet sich in der Regionshauptstadt Bolgatanga mit ca. fünfzigtausend Einwohnern. Fusi betrieb hier einen Friseursalon, als sie Martin kennen lernte. Bolgatanga ist etwa achthundert Kilometer von der Landeshauptstadt Accra entfernt und liegt zwanzig Kilometer südlich der Grenze zu Burkina Faso.

Von der Grenze aus riefen wir Mary, die Schwester von Fusi, an, damit sie mit der Vorbereitung des Abendessens beginnen konnte. Dabei verfügte die dreißigjährige Mary selbstverständlich über ein Hausmädchen, das ihre Anweisungen bedingungslos ausführte, was uns Europäer an die Zeiten der Leibeigenschaft erinnerte. Dieses Hausmädchen ist eine entfernt von der Stadt aufgewachsene Schülerin, die nur auf diese Weise die Chance hatte, eine höhere Schule zu besuchen.

Als wir das Haus erreichten, war ich sprachlos. Das Gebäude steht auf einem fast dreitausend Quadratmeter großen Grundstück und ist im Vergleich zu den normalen afrikanischen Hütten ein kleiner Palast mit einem separaten Gästeschlafzimmer und Badezimmer. Fusi und Martin mussten acht Jahre lang ein hartes Regiment führen, bis das Haus bezugsfertig war. Durch das in der Schweiz verdiente Geld wurde dieser Traum Wirklichkeit.

Martin arbeitet in Zürich im Management der *Spitex*, einer Organisation für häusliche Alterspflege. Fusi grillt für die Züricher Szene-Partys (in Diskotheken) ›Spießli‹ mit Erdnussbutter, die ausgezeichnet schmecken und gern von den Gästen verzehrt werden. Fusi verfügt also über ein eigenes Einkommen, was sie in Ghana nicht verheimlicht.

Mir wurde bei der Ankunft in Bolgatanga klar, dass bezüglich Status und Anerkennung für Fusi das Leben in Ghana wesentlich attraktiver ist als in Zürich. Nachdem sich Martin auf einer unserer Fahrten in den Busch als bekennender Mohammedaner ›geoutet‹ hatte, erkannte ich, dass es auch für ihn eine ernsthafte Alternative zum Leben in der Schweiz gab. Wohl auch deshalb hat er mir sehr professionell zwei Projekte für Ghana in einer Studie präsentiert, die Grundlage unserer Recherche werden sollten.

Eindrucksvoll in Ghana ist die Tatsache, dass hier niemand hungern muss, da das Land fruchtbar und die Einwohner bereit und in der Lage sind, es ohne Entwicklungshilfe zu bewirtschaften. Hier hält man es eher für anmaßend, dass Europäer glauben, den Afrikanern zeigen zu müssen, wie man Landwirtschaft betreiben sollte. Die Afrikaner wissen seit Jahrzehnten, was für ihre Böden und klimatischen Verhältnissen das Richtige ist. Die Europäer haben davon oft keine Ahnung. Europäische Traktoren z.B. werden in Ghana hauptsächlich für Vergnügungsfahrten benutzt, da sie zum Bearbeiten der Böden viel zu schwer sind. Handarbeit und Ochsengespanne sind hier die richtigen Arbeitsmittel. Ebenfalls bemerkenswert ist an Ghana, dass es immer noch landwirtschaftlich unerschlossenes, zum Teil sehr fruchtbares Land gibt.

Als 1965 die riesigen Stauseen gebaut wurden, musste niemand enteignet werden. Dabei kann man nur hoffen, dass der Druck nicht zu groß wird, der von den Migrantenwellen aus Nordafrika (z.B. aus der Sahel-Zone) ausgeht, was leicht zu kriegerischen Auseinandersetzungen führen könnte. Andererseits ist Ghana aber noch nicht soweit ›entwickelt‹, dass Kriminalität oder Alkohol eine Rolle spielen. Man muss jedoch langfristig damit rechnen, dass diese Symptome zwangsläufig auftreten werden.

In Ghana besteht also wegen der fruchtbaren Landreserven durchaus Potential, mit marktgerechten Produkten neue Projekte zu starten. Martin wählte dafür die Cashew-Frucht, die wir aus mehreren Gründen für erfolgversprechend halten: Es gibt sowohl einen lokalen und – vor allem – einen internationalen Markt, wobei sich dieser auf einem ungleich höheren Niveau bewegt. Das Produkt ist an den internationalen Märkten bekannt und – z.B. als Snack – bereits eingeführt.

Die Einzelhandelsriesen *Aldi* und *Lidl* vertreiben das Produkt in ganz Europa in ihren Supermärkten.

Die saftige und wohlschmeckende Frucht des Cashew-Baums wird auf lokalen Märkten angeboten. Sie verdirbt aber relativ rasch. Am unteren Ende der Frucht hängt der c-förmige Kern, der den durch eine harte Kapsel geschützten Samen – die Cashew-Nuss – enthält. Wird die Kapsel geöffnet, tritt ein Öl aus, das von spezialisierten Chemiefirmen zu einem Industrieprodukt verarbeitet wird.

Der geröstete Samen wird als Snack und Zutat für viele Gerichte weltweit vermarktet. Insgesamt neun Firmen im Süden von Ghana kaufen die Kerne: ein Teil wird verarbeitet (dreißig Prozent nach gesetzlicher Vorgabe), der Rest (siebzig Prozent) wird auf dem internationalen Markt verkauft. Mit geschicktem Marketing kann man also eine vielfältige Palette von Cashew-Produkten vertreiben:

- Cashew-Nüsse ganz/roh – als gesunder Proteinlieferant roh zu essen und in der exotischen Küche zu verwenden;
- Cashew-Nüsse ganz/geröstet/gesalzen als Snack/Appetizer/in Nussmischungen;
- Cashew-Nuss-Fragmente zur Herstellung von Süßspeisen, Backwaren und in Schokolade;
- Cashew-Saft als Bestandteil von gemischten Fruchtsäften;
- Cashew-Fruchtmark als Marmelade;
- Cashew-Öl in der Kosmetik und als Naturheilmittel.

Die Verarbeitung der Cashew-Frucht ist allerdings – vor allem im industriellen Maßstab – sehr komplex. Bisher werden die Früchte von Ghana nach Indien transportiert und dort verarbeitet. Also sollte diese Verarbeitung in Zukunft in Ghana selbst erfolgen. Hier findet man damit einen Ansatzpunkt für ein sinnvolles Entwicklungshilfeprojekt.

Für ein Cashew-Projekt in Nord-Ghana gibt es allerdings auch limitierende Faktoren, die ausgeräumt werden müssen:

- Risiko der Ertragsminderung durch ungünstige Niederschläge;
- Vorbehalte der Bauern gegenüber neuen Kulturen;
- Skepsis der Bauern hinsichtlich des wirtschaftlichen Nutzens von Cashew;
- kaum Erfahrung mit der Weiterverarbeitung;
- drei ertragslose Jahre bis zur ersten Ernte;
- bisher keine Verwendung von homogenem Saatgut;
- schwerfällige Bürokratie.

Diese Risiken können jedoch mit geeigneten Mitteln beseitigt oder gemindert werden. Insgesamt hat unsere *Feasibility*-Studie also zu einem positiven Ergebnis geführt, so dass Martin dieses Projekt nun weiterverfolgt.

Im Umkreis von ca. zwanzig Kilometern von Bolgatanga konnte Martin einen Dorfvorsteher finden mit etwa fünfjähriger Erfahrung im Anbau von Cashew in kleinerem Maßstab. Natürlich wollte ich ihn kennen lernen. Auf der Suche nach seinem Dorf wurde mir wieder einmal klar, dass nur ein Motorrad die Benutzung schmalerer und dafür kürzerer Wege durch den Busch ermöglicht. Die Fahrt im *Mercedes* ist natürlich bequemer, erfordert aber weitere Umwege, da die Wege oft nicht breit genug sind.

Der Dorfvorsteher ist auch Bauer und zeichnete sich dadurch aus, dass er nicht – wie fast alle – nur die Nahrungsmittelversorgung seiner bzw. seiner drei Familien erarbeitete, sondern zusätzlich Arbeit in neue Projekte investierte. Für diese innovativen Projekte verfügte er außerhalb der Dorfgrenzen über zusätzlich bereit gestelltes Land. Wir fanden ihn nicht bei einer seiner (drei) Dorfhütten. Einer seiner zwanzig Söhne (von einer seiner drei Frauen) fuhr mit uns etwa zehn Kilometer zu einer kleinen Hütte. Dort bearbeitete er mit einem Ochsengespann das Feld. Der Sohn übernahm das Pflügen, so dass wir miteinander reden konnten. Stühle gab es nicht, da es Sitte ist, auf dem Boden zu sitzen.

Für uns hatte er ein paar Baumwurzeln so geschickt geschnitten, dass wir bequem darauf sitzen konnten. Gastfreundlich bot er uns Früchte an, die wir aber wegen des Wassers, in dem sie gekühlt wurden, ablehnen mussten. Zunächst musste seine verständliche Scheu, unsere Fragen zu beantworten, überwunden werden. Dazu erklärte ich ihm auf plausible Weise unser Vorhaben.

Der Dorfvorsteher hatte vor sechs Jahren sieben Cashew-Setz-linge (›Seeds‹) gepflanzt. Ohne spezielle Maßnahmen sind die Pflanzen zu stattlichen Bäumen herangewachsen, die jährlich Früchte trugen. Aus den Kernen der geernteten Früchte züchtete er neue ›Seeds‹, deren Wurzelballen mit Erde in schwarzer Plastikfolie wie in Blumentöpfen gehalten werden. Seine Cashew-Ernte wurde also ohne äußeres Zutun von Jahr zu Jahr immer größer – ein vorzügliches Beispiel für ein innovatives Projekt.

Auf unsere Bitte hin fuhren wir gemeinsam zum Dorf zurück. Dort zeigte uns der Bauer seine Hütten. Sie waren für jede seiner drei Frauen u-förmig angelegt, umgeben von einem gemeinsamen Innenhof. Wir saßen dort mit zahlreichen Kindern (diesmal auf Bänken) und ich fragte ihn, warum er gerade drei Frauen geheiratet hat. Die Antwort war ihm etwas peinlich, aber er erklärte mir dann ganz plausibel, dass die anfallende Arbeit bei seiner Hofgröße drei Frauen und die dazugehörigen Kinder benötige. Eine der Frauen betrieb noch eine Art Dorf-laden mit einem im Hof aufgestellten verschließbaren Regal. Dieser Besuch mit seinen vielfältigen Erfahrungen hat mich außerordentlich beeindruckt. Im Haus in Marokko schrieb ich über diese Reise einen detaillierten Bericht.

Heidi

Irgendwann Anfang Juni 2007 kam der Tag, an dem mein Lebensglück seinen Höhepunkt erreichte. Ich hatte mich wieder einmal in Vence/Südfrankreich im Hotel *Miramar* eingemietet und traf am späten Abend ein. Morgens beim Frühstück wollte ich mit dem vorhandenen Gerät ein Ei kochen – was misslang. Eine dunkelhaarige Frau (Krankenschwester) entdeckte meine Not, wollte mir helfen und erklärte mir auf Französisch die Funktion des Eierkochers. Als ich mit Schwarzwälder-Französisch antwortete, fand sie, dass wir auch Deutsch sprechen könnten.

Am Swimmingpool ging es weiter. Ich erzählte, dass ich in Thalwil am Zürichsee die Tischenloomühle besaß; ihre Wohnung in Thalwil lag nur fünfhundert Meter entfernt. Mein Freund aus der damaligen Zeit war inzwischen leider Tetraphlegiker, sie war als seine Pflegerin mit ihm nach Vence gekommen.

Daniel, der Besitzer des *Miramar* ist ein lässiger Typ und fand heraus, dass der Service auf der fantastischen Aussichtsterrasse im Vergleich zum Hotel mit zuviel Arbeit verbunden sei. Er erlaubt seinen Hotelgästen, ihr Picknick selbst einzukaufen und auf der wunderschönen Terrasse zu verzehren. Vom ersten bis zum letzten Tag des Vence-Aufenthalts haben wir dort bei schönstem Wetter zu Abend gegessen.

Die Dame, die mir den Eierkocher erklärte, heißt Heidi, ihr Bruder Peter, ihre Mutter Heidi, ihre Tante ebenfalls Heidi. Ich hatte also schnell den Überblick. Nach einer Woche kam Heidis beste Freundin, Biggi, aus Thalwil. Zweieinhalb Jahre später war sie unsere Trauzeugin.

Ich musste früher als Heidi zurück in die Schweiz, um in Freiburg am Treffen der Freiburger Wirtschaftswissenschafter teilzunehmen. Sie verabschiedete mich am Flughafen in Nizza auf der Fahrspur ›Kiss and Fly‹. Nach dem Treffen in Freiburg bin ich direkt in ihre Wohnung in Thalwil eingezogen und lernte zuerst ihre heute sechsundzwanzigjährige Tochter Evelyn (Evi) kennen. Abends waren wir bei ihren Eltern Gusti und Heidi in Wollishofen zum Essen eingeladen. Eine Woche später reisten wir mit dem *BMW Z3* mit zurück geklapptem Verdeck über Davos ins Engadin; auf dem Flüelapass fragte ich sie, ob sie Lust hätte, mich zu heiraten, was dann aus verschiedenen Gründen erst am 1. Oktober 2009 möglich war und geschah!

Zunächst besuchten wir mit Evi Heidis älteste Tochter Janine (dreißig), die in London lebt. Die nächste Reise war spektakulär. Schon länger hatte ich geplant, meinen Geburtstag am 31. Oktober am Schwarzen Meer in Odessa zu feiern. Charlotte und Fritz Loebus (unsere reisefreudigsten Freunde) waren mit von der Partie. Ich hatte das schönste Hotel in Odessa, das *Londonskya*, ausgewählt. Es hatte am Flugplatz einen *VIP-Service*. Wir wurden mit einer Hotel-Limousine direkt am Flugzeug abgeholt und in einer Lounge am Flugplatz kulinarisch versorgt, während uns ohne eigenes Zutun das Visum erteilt wurde. Als wir im Hotel ankamen, stand das Gepäck bereits direkt vom Flugzeug auf dem Zimmer.

Die Orientierung hatte ihre Tücken, da wir weder die kyrillische Schrift lesen noch Russisch verstehen konnten – im Gegensatz zu Charlotte und Fritz, die jeweils die Unterkunft ausfindig machten und uns per Handy am Abend den richtigen Weg wiesen. Auf diese Weise durchquerten wir die Halbinsel Krim nach Jalta. Charlotte und Fritz kehrten nach Odessa zurück, wir blieben weitere vierzehn Tage in Jalta und Umgebung. Auf dem Parkplatz des berühmten Jalta-Hotels, das für Russland einst die Luxusherberge war und über zweitausenddreihundert Betten verfügt, war unser Mietwagen einer von zwölf.

Wie es kommen musste, herrschte plötzlich ein derartiger Sturm, dass auf dem Schwarzen Meer sechs Tanker sanken und bei uns im Hotelzimmer die Vorhänge bei geschlossenem Fenster in die Luft flogen. Natürlich gab es einen Stromausfall, wir wollten nicht mehr zurück in unser Zimmer im elften Stock, sondern mit dem Auto in die Stadt. Das Problem war, dass bei Stromausfall die Schranke am Hotelparkplatz nicht mehr geöffnet werden konnte. Kurzerhand entfernte man für uns ein Stück Zaun.

Die sechs Westdeutschen im Hotel lernten wir schnell kennen. Sie sagten uns, dass sie eine Deutsch sprechende Russin namens Olga als Reiseführerin engagiert hätten; wir könnten uns anschließen, wenn wir Lust hätten. Olga führte uns auch zu der Datscha, in der Gorbatschow festgenommen worden war (20. August 1991).

Als Russin warnte sie uns, mit der Seilbahn zu den Tartaren zu fahren; aber diesem Reiz konnten wir nicht widerstehen, obwohl es im November bereits Schnee gab. Hocherfreut aßen wir in einer Berghütte Bärenfleisch zum Mittagessen. Auf der Rückfahrt reisten wir unzählige Kilometer am Schwarzen Meer entlang, ohne einem anderen Auto zu begegnen. Modernste Tankstellen gab es in der Nähe von Städten, aber ohne Wasseranschluss. Als Scheibenwaschwasser empfahl man uns Mineralwasser aus den Getränkeautomaten. Auf der kyrillischen Speisekarte fanden wir immer wieder Gerichte, die mit einem Stern versehen waren; sie wurden nur serviert, wenn nicht gerade der Strom ausgefallen war. Nach so vielfältigen Erlebnissen kehrten wir schließlich wohlbehalten zurück in die Schweiz.

Damit wir unser Leben voll genießen können, gab Heidi ihre Berufstätigkeit auf. Sie blieb aber Stiftungsratspräsidentin des »Betreuten Wohnens«, Stiftungsrat der Kita und Mitglied der Sozialbehörde in Thalwil. Daneben leitet sie immer intensiver Jugendferienlager. Ich bin dabei ihr Assistent für Administration, Abrechnung und Sonstiges, also Mädchen für alles. Beim Skilager in Valbella, immer im Februar, sind wir beide Skilehrer und beschäftigen für sechsundfünfzig Schüler weitere neun Ski- und Snowboardlehrer. Der dreißigjährige Sohn von Charlotte und Fritz, mit denen wir in Odessa und Jalta waren, heißt Sebastian. Er ist unser bester Ski- und Snowboardlehrer und kommt jeweils zu den Skilagern aus Wien.

Im Sommer 2010 führen wir gemeinsam mit Fredy als Experten ein Kanu- und Kajaklager durch. Dazu kommt nach Ostern ein Tennislager und im Spätsommer ein Lager in Chaumont bei Neuchâtel in der Nähe des Anwesens der Dürrenmatts.

Am 1. Oktober 2009 fand also unsere Hochzeit in Thalwil statt. Die Hochzeitsreise führte nach Vietnam unter dem Titel »Für solche, die schon alles gesehen haben.« In elf Tagen benutzten wir acht Flugzeuge, zwölf Schiffe und Boote im Dschungel des Mekong-Deltas und fünf Vier- bzw. Fünf-Sterne Hotels (s. Abb. 14). Wir waren sehr beeindruckt von der Landschaft und Bevölkerung.

Angekommen: Die Rückkehr nach Freiburg und die Schillinger-Orgel in Zarten

Für einen pensionierten Physiker kann es ein erstrebenswertes Ziel sein, eine kleine Kirchenorgel zu konzipieren. Die Orgel wurde im Schwarzwald gebaut, von dem bekannten Orgelbauer Hermann Mathis aus dem Glarnerland betreut und auf das heutige hohe Niveau gebracht. Die Firma *Mathis* hat nebst vielen anderen auch die fahrbare Orgel in der Sixtinischen Kapelle im Vatikan und die Papst-Benedikt-Orgel in Regensburg gebaut.

Ich hatte am Chalet in Amden einen Anbau mit fünf Meter hohen Glasflächen errichtet, geeignet als kleiner Konzertsaal. Allerdings war für die Orgel die Sonneneinstrahlung zu stark. Ich wollte sie deshalb der Gemeinde Amden zur Verfügung stellen, die Verantwortlichen waren aber leider nicht interessiert. Der damalige Gemeindepräsident sagte mir wörtlich: »Die Genehmigung für die (Beton-)Kapelle auf dem Chapf ist uns wichtiger als die Orgel.« Also wurde die Orgel temporär in unserer Garage eingelagert.

Nachdem ich 2007 in Freiburg beim Schwabentor das Mini-*Penthouse* zum *Penthouse* ausbauen ließ, wurde unsere Beziehung zu Freiburg und zum Schwarzwald immer intensiver. Wir wollten hier einen Standort für die Orgel finden und haben ihn auch gefunden. Mein Mitarbeiter Bernd Rolfes aus Merzhausen bei Freiburg organisierte für die Standortsuche der Orgel (mein Wunsch war Freiburg und Umgebung) ein Interview mit dem Kulturredakteur der *Badischen Zeitung*, Johannes Adam. Ein entsprechender Artikel mit einem Foto der Orgel erschien im Kulturteil kurz vor Weihnachten 2007 unter dem beziehungsreichen Titel *Orgel zu verschenken*. Wir bekamen fast

Abb. 15: Die Schillinger Orgel

fünfzig ernsthafte Anfragen (von Organisten, Pfarrern, Professoren) von Müllheim (Schloss Bürgeln) bis Offenburg, so dass die Auswahl zwar schwierig war, aber nach reiflicher Überlegung doch eindeutig ausfiel. In der St. Johanneskapelle, dem so genannten *Zartener Münster* in Zarten bei Freiburg, fand die Orgel ihren endgültigen Standort. Schon als Kind war mir die Kapelle aufgefallen und in Erinnerung geblieben. Sie wird von der Familie Asal betreut, Seelsorger ist Pfarrer Pater Roman Brud. Wir waren uns sofort ›symbadisch‹. Zunächst musste aber ein Leihvertrag für die Orgel (vom Erzbischöflichen Ordinariat in Freiburg formuliert) unterschrieben werden. Auch der damalige Bürgermeister von Kirchzarten, Georg-Wilhelm von Oppen war anwesend, Pfarrer Pater Roman Brud und seine Gemeinde in Zarten freuten sich außerordentlich über die neue Orgel (s. Abb. 15).

Abb. 16: Die St. Johannes-Kapelle in Zarten

Abb. 17: St. Johannes-Kapelle in Zarten: Innenraum mit der Orgel

Der fachmännische Orgelaufbau erfolgte im August 2008 durch den Orgelbaumeister Hubert Stucki von der Firma *Mathis-Orgelbau*, Näfels/Schweiz. Selbstverständlich war er auch bei der Orgelweihe am 23. November 2008 anwesend. Dieser Tag war für die ganze Kirchengemeinde ein großartiges Fest. Vormittags um 10.^{30} Uhr zelebrierte Pfarrer Brud den feierlichen Festgottesdienst in der vollbesetzten St. Johanneskapelle unter Mitwirkung des Männergesangvereins *Liederkranz Zarten e.V.* Auch Bürgermeister Georg-Wilhelm von Oppen und sein potentieller Nachfolger feierten mit. Anschließend begab sich die Festgemeinschaft in den der Kapelle gegenüberliegenden Landgasthof *Bären* zum gemeinsamen opulenten Festessen (mit badischem Rindfleisch etc.). Um 15.^{30} Uhr ein weiterer Höhepunkt: ein geistliches Konzert anlässlich der Einweihung der Orgel. Zur Aufführung kamen u.a. Werke von Pergolesi, Frescobaldi, Corelli, J.S. Bach und Mozart. Ausführende waren ein exzellentes Streicher-Trio und Bezirkskantor Johannes Götz an der Orgel, ein musikalischer Genuss ersten Ranges, brillant gespielt, mit reichem Beifall belohnt. Das Feiern nahm noch lange kein Ende. Im *Bären*-Keller beim Sekt-Empfang spätnachmittags und anschließendem Abendessen kamen Festredner zu Wort, wurden Bekanntschaften neu geschlossen oder bei einem guten Glas Wein vertieft. Die Gesamtorganisation lag bei Franz Asal in besten Händen.

Wir hätten keinen besseren Standort für die Orgel finden können und fühlen uns heute mit der Ortsgemeinde Zarten herzlich verbunden (s. Abb. 16 und 17).

Das ist die

Chronika

des .... Karl Schillinger

von den ....
....
bis auf
....
Zeit

mit meiner's
von Weihnachten 1935
bis heute

Kunst- und Spiegelkammer
und die türkische Ecke
neben der Kaffeebude.

In der Zwischenzeit wurden die Gemälde entfernt. Aber damals waren sie noch zu sehen.

Pünkl. 8.11 Uhr waren alle Festteilnehmer zum
Empfang des Sultans versammelt.

Kurze Zeit
später erschien
in feierlichem
Zuge Seine Ehrwürdige
Majestät Sultan
Said der Einmalige
in Seiner Pracht,
Rauchti, begleitet
von Seinen
Dienern, von
Der Sultanin

Umfahrbilaravad und deren Dienerinnen.
Spontan stimmte das Volk die eigens
für diesen Anlaß abgeschriebene National-
hymne von Arbor ben Kuhlan an:

„Ihr Freunde kommt und zögert nicht länger!
Singt laut, daß es wackelt, daß alles kracht!
Erhebe dich, du Volk der Sänger:
Der Sultan kommt in seiner Pracht."

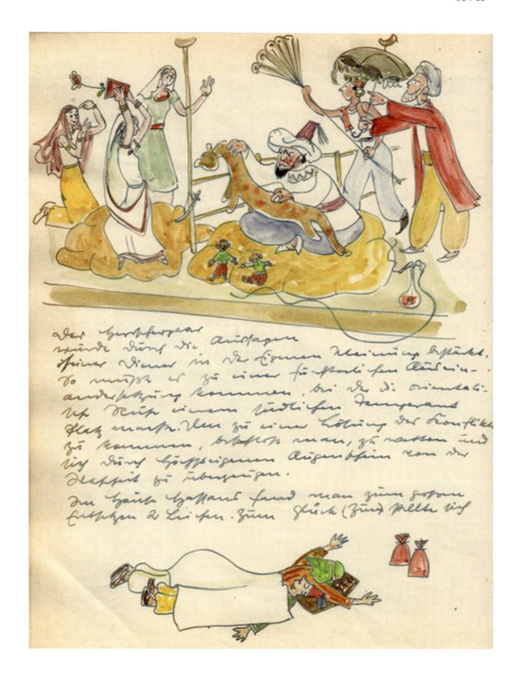

Das Herrscherpaar
wurde durch die Aussagen
seiner Diener in der Lösung Meinung bestärkt.
So mußte es zu einer fürchterlichen Auseinandersetzung kommen, bei der die orientali-
sche Ruhe einem südlichen Temperament
Platz macht. Um zu einer Lösung der Konflikte
zu kommen, beschloß man, zu warten und
sich durch höchpersönlichen Augenschein von der
Echtheit zu überzeugen.

Im Hause Hassans fand man zum späten
früchten 2 Leichen. Zum Glück (Zum) meldete sich

heraus, daß das Ehepaar nur bewußtlos gewesen war. Als Wiederbelebungsversuche gemacht wurden, wurden beide wieder lebendig und gestanden ihren Schwindel ein. Durch ihre Erzählung wurde Häuptling Hokis in so vergnügte Stimmung versetzt, daß er alle Anwesenden zu einem großen Freudenfest und einer

Kalten Ente einlud.

durch den übermäßigen Alkohol, der dem Propheten nur für die wenigen Tage vor dem Monat Ramadan erlaubt worden war, ließ die gute Laune immer weiser. Wie sehr dem leutseligen Sultan Said daran gelegen war, sein Fest zu einem wahren Volksfest zu machen, zeigt er, als er für seine Gäste das Sultanslied "Mkuabana" aufnimmt

und mit seinen Untertanen eigenhändig
verschiedene Bauten einübte.

und der Sultan erschiene und nehme die
Huldigungen entgegen, die ihm von seinen
Untertanen und von ausländischen
Gästen dargebracht würden.

Traditions-
wie eigent-
war eigent-
nach dem
Orient ge-
kommen,
um ihm
eine Bau-
japanisch-
fantasie
vorzuzeigen.
Abends
lag aber
der Hof u.
das Volk.

aus Spanien erschien ein elegantes

Tänzerpaar
und brachte
kostbare
Früchte
seines
Landes
als Gab-
Täid, die
spanische
Sprache
leider nicht
mächtig, ließ Frau Wool
in das erste silberne Körbchen. Der Inhalt war
eine spanische Frucht gereicht (Allium cepa colos-
sale espagnole t.), die für die fürstlichen Gäste
bestimmt war.

Saids Beispiel regte die Menge an, die sich ihrerseits mehr an belegte Brötchen und Kuchen hielt.

Zum Ausgleich folgten wieder geistige Genüsse (außer der kalten Ente): eine Scharade, sehr schwierig, denn der letzte Buchstabe des Wortes kam zuerst dran.

Lockerungsübung?
Kanon?
Na na na?

Theater?
Anfangen?
Arabella?

Karl und Brunhilde Schillinger

Und ebenso kam eine neue Truppe, die
mit ihrem Zithergesang die Zuhörer zittern
machten: "Es war ein Mädchen, klein, klein"

sie hieb
auch den
fröhlichen
des Happings,
sehr schaurig!

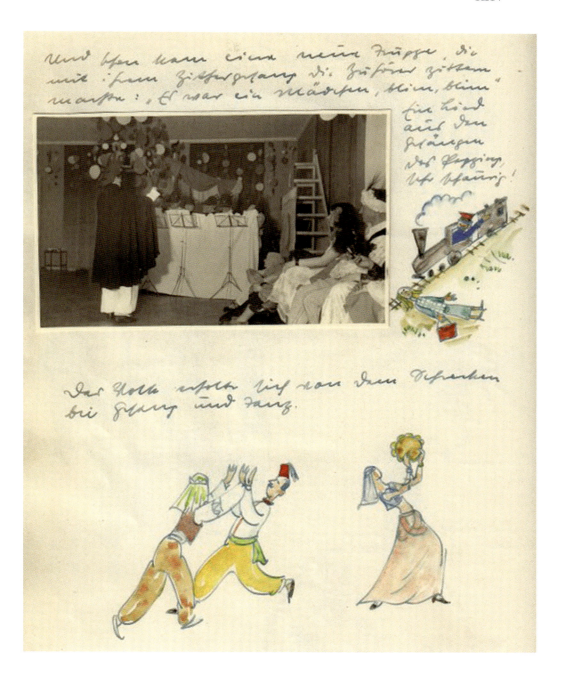

Das Volk erholte sich von dem Schrecken
bei Gesang und Tanz.

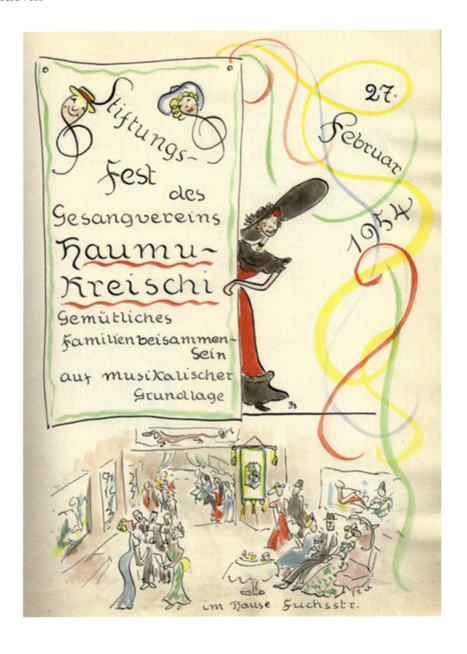

im Hause Fuchsstr.

Froh zu sein, bedarf es wenig, denn wer froh ist ist ein König!